2,–

Ulrich Erckenbrecht
Katzenköppe
Aphorismen / Epigramme
Muriverlag

Mit freundlichem Gruß,

Ulrich Erckenbrecht

Contentus paucis lectoribus.
(Horaz)

Ulrich Erckenbrecht schreibt seit dem Jahre 1963 Aphorismen. Einzelveröffentlichungen in den Zeitschriften ‚Relais‘,
‚pardon‘, ‚das pult‘, ‚Franco Furto‘, ‚MIZ‘. Dieser Band ist
nach ‚Ein Körnchen Lüge‘ und ‚Maximen und Moritzimen‘
sein drittes Buch, das Aphorismen und anderes enthält. Für
freundliche Kritik und Unterstützung seien Peter Mehl und
Hans-Jürgen Apell herzlich bedankt.

(CIP-Kurztitelmeldung der Deutschen Bibliothek)
Erckenbrecht, Ulrich: Katzenköppe:
Aphorismen/Epigramme, Ulrich Erckenbrecht - 1. Auflage -
Göttingen: Muriverlag, 1995.
    ISBN 3-922494-13-7

1. Auflage 1995
© Ulrich Erckenbrecht / Muriverlag 1995
Satz und Druck: Grafische Werkstatt GmbH, Kassel
MURIVERLAG, Postfach 17 65, D-37007 Göttingen

Inhalt

Fliegenwedel

Zuerst wollte ich dieses Buch ‚Die Quadratur des Käselochs‘ nennen, dann ‚Die Achillesferse der Schildkröte‘, sodann ‚Berserkerkerker‘. Schließlich fiel mir, von Tucholsky inspiriert, der Titel ‚Katzenköppe‘ ein (mit pp bitteschön). Die ‚Katzenköppe‘, die direktemang an meine vorausgegangenen Bücher ‚Ein Körnchen Lüge‘ und ‚Maximen und Moritzimen‘ anschließen, sind entstanden aus einem kontinuierlichen Gespräch mit den Schriftstellern, Philosophen, Aphoristikern und Epigrammatikern, die mich seit meiner Jugend begleitet haben. Ich habe mich in den letzten Jahren hingesetzt und hingelegt und alle ihre Bücher mal wieder durchgelesen und mir so meine Gedanken dabei gemacht. Was ich im einzelnen meinen verschiedenen Vorbildern verdanke, mögen Einflußforscher auseinanderklamüsern. Das meiste trat aus meiner eigenen Leier, die eben immer dieselbe ist, ans Licht.

Da ich manchmal von gutherzigen Leutchen gefragt werde, für wen ich eigentlich schreibe, möchte ich noch rasch folgendes sagen: die Zielgruppe meiner Publikationen soll erst durch diese selbst geschaffen werden. Und auch die bisweilen gestellte Frage, warum ich überhaupt schreibe, kann ganz einfach beantwortet werden: ich hatte gerade nichts besseres zu tun. Natürlich stimmt das alles nicht so genau, was ich da eben formuliert habe. In Wirklichkeit will ich nur Gutes für die Welt tun, doch muß sich die Wahrheit, um Verbreitung zu finden, eine Narrentarnkappe überstreifen. Im übrigen darf ich darauf aufmerksam machen, daß Aphorismen- und Epigrammbücher viele Leerzeilen enthalten, damit die Leser ihren eigenen Unfug hineinkritzeln können. Also nur Mut, liebe Leserlein, Kopf hoch und Kopf tief in dieses Buch gesteckt, mit dem Zeilenfüller in der Hand!

Mit einem Wort

Filousoph
Philosophist
Philosophisticated
Philosophilister
Philosophaster
Philosoffizier
Philosauce
Philosäufer
Phallosoph
Vielzudoof
Filledesophie
Fielaufsofa
Philosophialoren
Hagiaphilosophia
Fellowsofee
Fühlozoovieh
Philosofen
Philippikasoph
Phil O'Soph
Philosofilz
Philosophimmel
Philosophilosoph
Phisilopuff
Filialleiterzopf
Phil-Osaf
Viel(o)soff
Eihposolihp
Anglophilosoph
Philosoftie
Philosauvequipeut

Dazu gehören zwei

Mode vermodert.

Papiergeld stinkt.

Kompromisse kompromittieren.

Ochsen büffeln.

Drohnen thronen.

Föten flöten.

Trubel: Trouble.

Softporno: Brechreizwäsche.

Tonkünstler: Dreckschleuder.

Bedeutungsschwangeres: Kopfgeburten.

Alles fliest.

Cogito: „Sum!"

Schmeißfliegen: Scheißfliegen.

Alpträume: Skalpträume.

Rilke: Sülze.

Dreierlei

Cogito, ergo Opossum.

Verkenne dich selbst.

Mach keinen Fax.

Porto macht frei.

Natur ist Sondermüll.

Geheimtips sind keine.

Macht liebt Blinde.

Homo lupo homo!

Automobilisten: motorische Lügner.

Wehret den Anfängern!

Eine nudistische Klamotte.

Ein edelsteingeschmückter Jadebusen.

Karriere: sich hochdienern.

Cogitas, ergo Nonsense.

Vier Musketiere

Monet hatte keine Moneten.

Carmina Burana: Urworte, Orffisch.

Werde, der du frißt.

Reisen bildet - ein Hindernis.

Stille Wasser sind fad.

Eine neue Beziehung aufknöpfen.

Entrückung: ganz weg sein.

Froh wie ein Frosch.

Ich kenne meine Pappenstiele.

Rororo: Robinsonaden, Robinhoodiaden, Rodomontaden.

Honey soit qui Malibu.

Furor teutonicus: animal nationale.

Das Geschmeiß der Handballer.

Alte Liebe kostet nichts.

Buridan war ein Esel.

Die Fünferkolonne

Im Anfang war das Vorwort.

Ni dieu, ni maître penseur.

Der Zweck heiligt die Mittelmäßigkeit.

Spartakus kam nicht bis Sparta.

Vernunft ist Verstand mit Herz.

Ein erratischer Block wirkt anthropomorph.

Lieb mich auf dem Tender.

Groucho, Harpo, Zico, Beppo, Charly.

Cogito, ergo Freiheit des Andersdenkenden.

Mut zeigt auch der Kakerlak.

Die tausendundzweite Nacht: Djinn Tonic.

Die neueste Mode ist saurierdumm.

Iß, damit ich dich höre.

Jeder Punkt ist ein Kreis.

Schlaft ein, Verdummte dieser Erde.

Verhext zu sechst

Kumpels, Kumpane, Compagni, Compañeros, Compagnons, Kompaniechefs.

Manichäer, Manipulatoren, Manitouristen, Manieristen, Maniküren, Maniacs.

Herr und Knecht: Gesindel und Gesinde.

Wer sich begeistert, ist schon betrogen.

Ich bin ein Bewohner der Elfenbeintasten.

Wie der Herr, so der Sherry.

Wer Witz hat, erzählt keine Witze.

Wo gepöbelt wird, da fallen Zähne.

Wir sitzen alle *vor* demselben Boot.

Du denkst nicht, trotzdem bist du.

Reichtum schändet - die Töchter der Armen.

Im Whirlpool suhlen sich die Therminatoren.

Introvertiert, extravertiert? Vertiert sind sie alle.

Ein reiches Kamel geht durch Helsingör.

Sieben Zwerge

Der Elefantenfriedhof ist das Eldorado der Großwilderer.

Hinter jedem Naivling versteckt sich ein Gauner.

Bei Nacht sind alle schwarzen Schafe blond.

Das Ei des Kolumbus war ein Rotationsellipsoid.

Es gibt keinen Helden *ohne* den Kammerdiener.

Er war so anhänglich - wie ein Kettenhund.

Der Witz ist das Drögchen der Kopfmenschen.

Autogenes Training: ich lenke, also bin ich.

Wer äh sagt, muß auch bäh sagen.

Unbefugten ist der Zutritt gegens Schienbein verboten.

Unter den Pflastersteinen beginnt erst die Plage.

Man liest nicht zweimal denselben Heraklit.

Die meisten Symbolisten sind doch nur Simpolisten.

Nimm mich in acht

Opportunisten schwimmen gegen den Strom - einhundert Meter Rücken.

Wer anderen ein Grübchen gräbt, grabscht selbst hinein.

Cogito, ergo to be or not to be.

Auf der Spitze der Pyramide wartet die Windbö.

Wer *zu früh* kommt, den bestraft das Leben.

Viele sind auserwählt, aber nur wenige werden berufen.

Die Alternative zur Trockenheit ist nicht die Breiigkeit.

Die Wahrheit ist ein zufälliges Nebenprodukt des Wissenschaftsbetriebs.

Nur ein toter Schriftsteller ist ein guter Schriftsteller.

Traditionen werden fortgesetzt, indem man mit ihnen bricht.

Je schöner die Geste, desto später der Abend.

Im Gedicht wirkt das Komma wie eine Locke.

Alle neune

Herr Neid und Frau Mißgunst, die Stiefzwillinge des Erfolgs.

Man soll den Tag nicht mit dem Abend verloben.

Säge nicht an dem Ast, den du dir lachst.

„Korrigieren Sie mich, aber bitte korrekt!" ächzte der Korreferent.

Wer sich auf einen Standpunkt stellt, versinkt im Sumpf.

Wer immer dem Fortschritt folgt, ist nie ganz da.

Der Lebensstil des Idealisten schwankt zwischen Donquichotterie und Sanchopanserie.

Mezzogiorno: je größer der Absatz, desto größer der Stiefel.

Die einen sitzen wegen Verdunkelungsgefahr, die anderen wegen Erleuchtungsgefahr.

Die Axt im Haus erspart den Elefanten im Porzellanladen.

Wahr sind nur Gedanken, die sich selbst nicht interpretieren.

Vom Loreroman zum Folkloreroman ist es nur ein Tänzelschrittchen.

Zehn kleine Wörterlein

Frankfurt, Bankfurt, Punkfurt, Krankfurt, Zankfurt, Frank-
furz, Francopianoforte, Dribbdebach, Mainhattan, Bankrott-
furt.

Der Golfkrieg und der Mercedeskrieg: jeden Tag auf der
Autobahn.

Ein außer Gebrauch gekommenes Sprichwort wirkt wie ein
neugeborener Einfall.

Das fünfte Rad am Wagen ist der Pfau am Steuer.

Wir suchen überall Menschen, und wir finden immer nur
Armleuchter.

Was man im Hinterkopf hat, muß ins Vorderhirn geholt werden.

Das Prinzip der einstimmigen Kooptation garantiert die Per-
manenz der Mediokrität.

Und ab ging er durch die Lappen bis zum Nordkap!

Die Komik ist der besser verkäufliche Aspekt der Tragik.

Hollywood: es ist ein Rhinozeros entsprungen, von Jesse James kam die Art déco.

Wer nicht liquide ist, wird liquidiert.

Im Emmentaler Käseblatt stand zu lesen, daß die Bestsellerautorin Butta Sanella von dem Reeder Dschunkis Khan gesponsert wird.

Der Mann des Jahrzehnts: der Depp des Jahrhunderts.

So manche Entwicklungshilfe verwandelt Unterentwicklungen in Überentwicklungen.

Er galt als tief. Dabei war er nur in eine Gletscherspalte gefallen.

Abgesagt: abgesägt.

Betrag: Betrug.

Kosmiker: Komiker.

Das Leben der Beamten ist anekdotenarm.

Nihilisten sind verkappte Totalisten.

Die Erde steht auf der Müllkippe.

Ius ultimae noctis: die Entjunkerung.

Die Wahrheit hat deswegen so wenige Parteigänger, weil sie von Natur aus unparteiisch ist.

„Sagen Sie mal einen Satz, in dem das Wort Gänsefleisch vorkommt!" „Gänsefleisch mal den Gofferraum aufmachen?"

Durch die Blume reden führt zu Stilblüten.

Wie schon der Name ‚Quäker' zeigt, haben alle Sektierer etwas Schrilles.

Wer sich auf den Schlips getreten fühlt, wird gebeten, sich eine Fliege zu kaufen.

Sekundärliteraten – Aasgeier, die sich von toten Genies ernähren.

In dem Krausessay ‚Heine und die Folgen' ist nur ein einziges Wort falsch: ‚Heine'.

Wer Schlange steht vorm Baum der Erkenntnis, muß in den sauren Apfel beißen.

Jeder Meister hat nur einen Meisterschüler, und der kann nicht sein Schüler bleiben.

Parvenü: ein Hochgekommener, ein Aufgestoßener, ein Rülpsling, ein arriviertes Bäuerchen.

Die Parodie ist die Huldigung, die das Genie dem Mittelmaß erweist.

Naturgesetze des Alltags

In welche Richtung du auch radfährst – du hast immer Gegenwind oder Ohrensausen.

Je langsamer du arbeitest, desto weniger Fehler unterlaufen dir am Tag.

Alles, was schiefgehen kann, könnte auch wieder geradegebogen werden.

Jeder Irrtum, der begangen wird, kann auch von Anfang an vermieden werden.

Das Schlechte wird so lange durch das noch Schlechtere perfektioniert, bis nichts mehr funktioniert und endlich derjenige zu Wort kommt, der von Anfang an das Richtige vorgeschlagen hat.

Von zwei Arbeitsgruppen ist immer jede die wichtigste.

Ein Ausschuß produziert Ausschuß.

Beamte werden so lange befördert, bis sie in einem abseits gelegenen Zimmer sitzen, wo man sie nicht mehr hört.

Was auch immer gebaut wird - es wird mindestens zweimal so teuer wie ursprünglich berechnet und Monate später fertig als geplant und vom ersten Tröpfelregen überschwemmt.

Ein Schreibtisch wird so lange aufgeräumt, bis alles hübsch ordentlich aussieht und man nichts mehr wiederfindet.

Die Beisitzer heißen Beisitzer, weil sie dabeisitzen und schlafen.

Wer die Butter auf dem Brot nicht sieht, hat schlechte Augen oder schlechte Brötchengeber.

Kein Unfug ist so unglaublich, daß er nicht von irgendeinem Troglodyten geglaubt wird.

Wer die Wahrheit geigt, dem schlägt man die Fiedel um die Ohren.

Die Wahrheit triumphiert erst dann, wenn ihre Gegner ausgestorben sind.

(Einige dieser Leithammelsätze stammen aus anderer Herren Länder - ich habe mir erlaubt, sie in veränderter Form zu übernehmen und frei zu umspielen und auf deutsche Verhältnisse zu applizieren)

Alt klug, jung dumm

„Aus den Fehlern der Jungen lernen die Alten" (Brudziński).

„Ein wenig älter, ein wenig kälter" (Nietzsche).

Frühwerke sind Strohfeuer oder Kaminfeuer.

Der junge Ernst Jünger: ein schwadronierender Kriegsheld.
Der alte Ernst Jünger: ein poetischer Gelehrter.

Ein alter Alexander Magnus: undenkbar.

Philosophen sind in der Jugend alt und im Alter jung.

Alter schützt die Torheit vor.

Man braucht zwanzig Jahre, um physisch erwachsen zu werden, und weitere zwanzig Jahre, um intellektuell erwachsen zu werden.

Mit den Zähnen knirschen die, die noch kein Gebiß haben.

Ein alter Junghegelianer hat mehr zu sagen als ein junger Althegelianer.

„Wenn der Ruhm zu früh kommt, macht man viele Dummheiten" (Skandinavisches Sprichwort).

„The whiter my hair becomes, the more ready people are to believe what I say" (Bertrand Russell).

Früher wurde gesagt: „Das kommt überhaupt nicht in Frage". Heute wird gesagt: „Das ist für mich kein Thema". Die Schwätzer werden vornehm.

Früher: Egalité, Liberté, Fraternité. Heute: Egalité, Avantage, Egalité.

Früher Bajazzo, später Jazzabo.

Gestern heute: morgen vorgestern.

Wo ist der Aristoteles, der über das ‚Ozon politikon' schreibt?

Was die eine Generation als negative Totalität kritisiert und bekämpft, erscheint der nächsten Generation bereits als verlorenes Paradies.

Die Herrschaft der Bolschis in Rußland wird einmal betrachtet werden wie das Interregnum der Goldenen Horde oder der Hyksos.

Neue Unübersichtlichkeiten entstehen, wenn alte Durchblicker die Orientierung verlieren.

Wer auf eine temperamentvolle Kritik nichts rechtes zu erwidern weiß, der stempelt sie als ‚ressentimentgeladen' ab. Mit dem Ausdruck ‚Ressentiment' ist das geschehen, was nach und nach mit fast allen Begriffen zu passieren pflegt: früher ein Terminus des avancierten Denkens, später eine Phrase.

Früher hörig, später schwerhörig.

Mode wechselt deswegen so schnell, weil sie jedes Mal abstoßend häßlich ist.

Der Brief ist ein unangemeldeter Besuch, ein unhöflicher Überfall - schrieb Nietzsche. Man merkt, daß er in dem Zeitalter vor der Erfindung des Telefons lebte.

Die Zukunft läßt sich weder berechnen noch prophezeien, nur ahnen und wittern. Frösche, Schlangen und Hunde sind die besten Futurologen.

„Weil die Menschheit nie wußte, wohin sie ging - nur deshalb hat sie noch immer ihren Weg zu finden vermocht" (Oscar Wilde frei nach Oliver Cromwell).

„Has Man a Future?" fragte Bertrand Russell im Jahre 1961. Das eigentlich Erstaunliche an dieser Frage ist, daß sie nun auch schon ein paar Jahrzehnte alt ist.

„Man sagte vom Grafen Boulainvilliers, daß er weder die Zukunft noch die Vergangenheit noch die Gegenwart kannte: er war nämlich Astrologe und Historiker und hatte eine junge Frau" (Montesquieu).

Das goldene Zeitalter lag vor der Entdeckung des Goldes? Das goldene Zeitalter wird anbrechen, sobald Gold und Geld nichts mehr gelten? Ach, das goldene Zeitalter ist doch immer nur die chimärenhafte Attrappe, die den Windhunden beim Rennen vorgehalten wird.

Das nächste Jahrhundert kann schon von Glück sagen, wenn es in voller Länge stattfindet.

Das 20. Jahrhundert sah, wie Nietzsche und Marx im 19. Jahrhundert richtig intuiert hatten, den Kampf der Nationen, Rassen, Klassen und Weltblöcke um die Erdherrschaft. Im 21. Jahrhundert steht die Loslösung des homo technicus vom Planeten Erde auf der Tagesordnung: Kommunikation mit möglichen extraterrestrischen Lebewesen, Kolonien im Weltraum, Selfoverkill der irdischen Natur, Beginn der Flucht vor dem Roten Riesen.

Graue Stars

Alain Delon sieht aus wie die französische Lizenzausgabe von Roy Black.

Vivi Bach und Brigitte Nielsen, die Pedimaniwalküren mit Silicon hills und Silicon valleys.

Maria Seelchen äugt in die Kamera wie ein gekochter Schellfisch.

Claudia Schiffer: ein Nagetierchen mit Ballonbusen.

Alle Wege führen zu Romy.

Sophia Loren – vedere Napoli e poi Pozzuoli.

Kim Basinger, das quasistellare Filmsternchen.

Die Lollo mit dem Schmollomund und dem Atombunkerbusen.

Claudia Cardinale: Schmalz in der Stimme, Grieben in den Augen, Speck auf den Hüften.

Madonna: die Selbstinszenierung des Nichts.

Marlene Dietrich: ein leeres Gesicht posiert als ‚Weltstar‘.

Brigitte Bardot: beauté sans promesse de bonheur.

Thomas Gottschalk: der Quasselstripper.

Jazz ist „tongewordene Coca Cola" (Adorno). Pop ist tongewordene Fanta. Rock ist tongewordenes Sprite. Disco ist tongewordenes Sevenup. Funk ist tongewordenes Bitter Lemon.
Soul ist tonicgewordene Soda. Reggae ist totgeborener Rum-
verschnitt.

Der zweite Satz von Schuberts Es-Dur-Trio: so müßte die
Welt klingen.

Für Kretins, die das dringende Bedürfnis haben, sich über das
Weltgeschehen auf dem Kriechenden zu halten, wurde die
Boulevardpresse erfunden, und für Unmusikalische, die sich
danach sehnen, Krach als Musik zu empfinden, wurde die
Rockmusik erfunden. Und der etwas leisere Komplementär-
blödsinn, der unter wohlklingenden Namen wie ‚Softrock'
und ‚Kuschelrock' verkauft wird, macht den Matsch nur noch
mätscher. Es gibt nur ein einziges annehmbares Rockstück
(‚Rock around the clock'), und damit hat es sich.

Vulgärmusik: Lärm für Schwerhörige. Ein Betäubungsmittel,
das unter die Drogengesetze fallen sollte.

Ein Mann fuhr in der Eisenbahn und plazierte auf den Sitz
neben ihm einen Kassettenrecorder, der Gehämmer und
Gedudel von sich gab. Nach einer Weile fragten die Mitrei-
senden den Mann, ob er sein Gerät nicht abstellen oder zumindest leiser stellen könne. „Ach", erwiderte er, „Sie mögen
keine Musik?"

Wer den Unterschied zwischen Rap, Acid, Ethno, House, Hip

Hop, Techno, Jungle und Heavy Metal kennt, der kennt auch den Unterschied zwischen Hamburger, Cheeseburger, Chiliburger, Fishburger und Calemburger.

Gegen den geisttötenden Lärm des Straßenverkehrs gibt es manchmal kein anderes Mittel als die Flucht in eine von schlechter Musik durchtoste Bar. Die eine Barbarei überdeckt die andere, und man kann ruhig am Tisch sitzen und Gedichte lesen.

„Richard Strauss entwarf manchmal seine Ideen zu Opern, während er Skat spielte" (Heinrich Neuhaus). Beim Ramsch vermutlich!

Die Klaviere sollen reden, wie ihnen Arthur Schnabel gewachsen ist.

Die Kunst des Klavierspiels: schweben, nicht kleben; tupfen, nicht hacken; mit der Seele schwingen, mit den Fingern singen.

Der Mahlerstrom: ein buntes Jahrmarktstreiben, dann ein feierlicher Gottesdienst, sodann aus der Ferne ein paar Glockenklänge und einige frohgemute Kinderstimmen und der Spielmannszug der Freiwilligen Feuerwehr, zum Schluß ein halb infernalisches, halb himmlisches Getöse, als gelte es, den Orchesterklang von Berlioz, Wagner, Brahms, Bruckner und Richard Strauss gleich fünffach zu übertrumpfen.

Beethoven (in seiner letzten Klaviersonate, Opus 111, Arietta, Vierundsechzigstelpassage) und Chopin (im zweiten Impromptu, Opus 36, D-Dur-Passage) haben den Swing erfunden - lange vor den Dudelgeldsäcken des kommerzialisierten Jazz.

In den ersten Dekaden des 20. Jahrhunderts, als der Jazz noch eine gewisse Frische besaß, konnte man von ihm lernen: Debussy, Ravel, Strawinsky, Krenek (der mit dem Akzent) und andere haben manche seiner Elemente eine Weile übernommen und mit ihnen herumexperimentiert - in erfreulichem Gegensatz zu mausgrauen Theoretikern und unbegabten Komponisten wie Adorno, die nur kritische Aufzeichnungen zum Jazz hervorgebracht haben. Heute aber ist der Jazz am Ende, der letzte bedeutende Jazzmusiker hieß Oscar Peterson, der noch einmal alle historischen Errungenschaften des Jazz in seinem Spiel kombinierte, der Rest ist Gehampel, und die Musik muß sich aus neuen Quellen regenerieren.

Auf in den Kampf, Bolero!

Admonitionen

Man kann nicht mit Vernunft regieren, was durch Gewalt geschaffen wurde.

Wenn niemand schuld gewesen sein will, waren in Wirklichkeit alle schuldig.

Die gleichen Leute, die einen Menschen mit allen Mitteln verfolgen, behaupten auch noch, er litte an Verfolgungswahn.

Der Geist ist unruhig. Deshalb versuchen alle dogmatischen und fanatischen Weltanschauer, ihn an fixe Ide(ologi)en anzubinden.

Wer Flachköpfen überlegen ist, kann dem Vorwurf der Überheblichkeit nicht entkommen.

Häßlich ist das Gesicht der Gewalt ganz oben und ganz unten.

Nur ein toleranter Gott, der auch Atheisten gutmütig gewähren ließe, würde Verehrung verdienen.

Wer nicht mit den Wölfen heulen will, muß mit den Krokodilen weinen.

Es gibt eine Menge Wahrheit, aber keine Wahrheit für die Menge. Inseln der Wahrheit - mehr kann man nicht erreichen.

Die Erschaffung der Welt: sechs Tage harte Arbeit. Die Zerstörung der Welt würde nur sechs Stunden in Anspruch nehmen.

Politische Theorien, die von Intellektuellen konstruiert worden sind, können schon deswegen kaum in die Praxis umgesetzt werden, weil die Intellektuellen ständig untereinander zerstritten sind und alle gangbaren Wege mit ihrem Gezänk verbarrikadieren.

Alle positiven Sozialutopien zerschellen (bedauerlicherweise) an dem unheilbaren Egoismus der menschlichen Natur. Zur Solidarität wird der Mensch nur durch Not und Konvention und Geschlechtsliebe veranlaßt, und auch das nur eine Zeit lang.

Heute geht es nicht darum, das Beste zu verwirklichen, sondern darum, das Schlimmste zu verhindern.

Sauereien

Deutsches Fernsehen, 15.2.1991: „Wie Sie vorhin in der Tagessau gehört haben ...".

Ab in die Heia Safari, von Bebra zum Zebra, Hängebauchmenschen bestaunen Hängebauchschweine.

Schweine und Glotzophonisten fressen alles.

Die Troglodyten von heute schmatzen und schwatzen am Schweinetrog.

Ohne Saupreiß kein Schweinefleisch.

Manche Perlen sind selber schon Säue.

Wildschweine sind sauschlau.

Nur ein Schwein macht ein Schwein zur Sau.

Jeder hat mal Schwein, nur das Hausschwein nicht.

Dem Reinen ist alles andere Schwein.

Kein Schwein hat jemals etwas gesagt.

Schweine fühlen sich im Dreck am wohlsten, vorausgesetzt, er befindet sich mitten im Wald.

Die Frage ‚Sein oder Nichtsein' läuft über kurz oder lang auf die Frage hinaus: ‚Schwein oder Nichtschwein'.

Enzensbergers Gedicht über die Scheiße: Aftershavepoesie.

„Nach welcher Seite man auch die Füße setzt – man tritt immer in Scheiße" (Flaubert).

Der Palast der Kultur ist gebaut aus stinkender Hundsscheiße, schreibt Adorno (Negative Dialektik, Erstausgabe, S. 357), sich berufend auf eine Formulierung von Brecht (Die heilige Johanna der Schlachthöfe, Abschnitt 9h). Viel himmelstinkender ist es, wenn ein Kulturpalast aus geruchlosem Asbest gebaut ist.

„Nicht jede Scheiße hat das Glück, im Alter zum Dünger aufzusteigen" (Lec). Lecens Verlag druckte zartfühlenderweise ‚Sch.', doch braucht sich der Muriverlag eine solche Scheißselbstzensur nicht aufzuerlegen.

Dreckige Scheißliberale sind in Wirklichkeit feine Pinkelliberale.

„Sich ein Königreich schaffen inmitten der allgemeinen Scheiße - und dann darauf scheißen!" (Samuel Beckett).

Analfixierte Analphabeten wälzen sich mit Vorliebe im Wort Scheiße. Gute Schriftsteller meiden Scheißwörter nicht, wenden sie aber nur sparsam an, wie zum Beispiel Günter Grass, der von einem Verlag verschaukelt wurde und sich darob, wie er sagte, ‚beschissen' vorkam. Mit dem Wort Scheiße ist es wie mit dem Pfeffer: ein bißchen davon dient der kurzen Würze, während allzuviel klanglos zum Lokus hinabgeht.

Achtung, Verachtung

„Wir verachten vieles, um uns nicht selbst verachten zu müssen" (Vauvenargues).

„Die Welt ist so verächtlich, daß die wenigen anständigen Leute einen achten, wenn man ihr mit Verachtung gegenübersteht" (Chamfort).

Die moderne Gesellschaft beruht nach Hegels Einsicht darauf, daß jeder jeden insgeheim verachtet - vermutlich deswegen, weil alle festen Wertmaßstäbe, mit denen stabile Achtungshaltungen begründet werden können, im Chaos der Neuzeit und im bellum omnium contra omnes verlorengegangen sind und weil als hauptsächlicher Fixpunkt für das Ansehen die selbst verächtliche Kategorie des Geldvermögens übriggeblieben ist.

Es gibt zwei Hauptformen der Menschenverachtung: die grobe des ideologischen Fanatikers, der für die Durchsetzung seiner Wahnvorstellungen jedes Opfer in Kauf nimmt, und die feine des klarblickenden Menschenkenners, der wie Kant und Freud jenseits der vierzig die weder resignative noch zynische Position einer leisen Misanthropie einnimmt, weil eben alle Erfahrung zeigt, daß das Gesindel immer in der Überzahl ist.

„Das einzige, was uns das ganze Leben hindurch aufrecht erhält, ist die Überzeugung von der Inferiorität der anderen" (Oscar Wilde).

„Von allen Gefühlen müssen wir die Verachtung am sorgfältigsten verheimlichen" (Rivarol).

Nähe verleitet zur Verachtung. Wer einen Menschen, den er aus der Ferne geachtet und respektiert hat, näher kennenlernt, sieht schnell seine kleinen und großen menschlichen Schwächen. Ein wahrer Connaisseur ist aber erst der, der über den Pendelschlag zwischen Achtung und Verachtung hinauskommt und aus der wiedergewonnenen Distanz die Nachteile und Vorzüge eines Charakters gerecht abzuwägen versteht, um so die anfängliche Achtung in differenzierter Form zu restituieren.

Verachtung gehört zu den Hilfsgefühlen, mit denen sich eine nachrückende Generation gegen die vorausgegangene emporzuboxen versucht. Objektiv begründet und berechtigt ist dieses Gefühl in etlichen Fällen nicht, wie man am Beispiel der französischen Komponistengruppe ‚Les Six‘ sehen kann. Diese sechs Mediokritäten verachteten die älteren Meister Ravel und Debussy und hielten sich selbst für die Größten, doch kamen sie an diese beiden Genies, wie jeder heutige Ohrenzeuge bestätigen kann, bei weitem nicht heran. Ihre ganze Verachtung war nichts als eine hohle Attitüde, die keinerlei Achtung verdient.

Goethes Einwand gegen Beethovens Weltverachtung: wer die menschliche Gesellschaft detestabel findet, macht sie eben dadurch auch nicht genußreicher.

„Verachte das Leben, um es zu genießen“ (Jean Paul).

„Wer sich selbst verachtet, achtet sich doch immer noch dabei als Verächter“ / „Die Verachtung durch andere ist dem Menschen empfindlicher als die durch sich selbst“ (Nietzsche).

„Mögen sie mich hassen, solange sie mich fürchten", sagte ein römischer Kaiser über seine Feinde. Wer hingegen verachtet, fürchtet sich nicht mehr. Deswegen ist, wie schon Aristoteles erkannte, nicht Haß, sondern Verachtung die eigentliche Triebkraft zum Sturz einer Tyrannei.

Viele Menschen sind nur während der Zeit erträglich, in der sie Kinder, Jugendliche und Studenten sind. Sobald sie dann eine berufliche Position erkrochen und sich durch eine Abschlußprüfung hindurchgeschleimt haben, glauben sie, daß sie jetzt Respektspersonen geworden sind, und werden aufgeblasen und widerlich. Und weil sie Geld verdienen müssen und Karriere machen wollen, fangen sie an, zu lavieren und zu heucheln und nur auf den eigenen Vorteil zu sehen. Sie verwandeln sich in charakterlose Masken, die allen Leuten lautstark schmeicheln, die ihnen nützlich sein könnten, obwohl sie eben diese Leute im Stillen verachten. „Am Menschen ist nicht viel Gutes. Jeder haßt fast den anderen, sucht sich über seine Nebenmenschen zu erheben, ist voller Neid, Mißgunst und anderer teuflischer Laster. Homo homini nicht deus, sondern diabolus" (Kant). Du, lieber Leser, gehörst natürlich zu den Ausnahmen.

„Die meisten Menschen brauchen mehr Liebe, als sie verdienen" (Marie von Ebner-Eschenbach).

„Wonach soll man am Ende trachten? Die Welt zu kennen und sie doch nicht zu verachten" (Weimar).

„Niemand kann sich rühmen, niemals verachtet worden zu sein" (Vauvenargues).

Autoritäten

Alle Autoritäten sind doch nur Au-Toren.

„Ein ärmliches und erbärmliches Tier ist jeder Mensch, dem fremde Autorität das eigene Urteil ersetzen muß" (Schopenhauer).

Es gibt in der Wissenschaft überhaupt keine Autoritäten, sondern nur eine einzige Autorität, nämlich die Wahrheit. Wo in Fachzeitschriften ‚respected authorities' und sonstige Kapazitäten und Koryphäen gerühmt werden, da kann man sicher sein, daß dahinter lobhudlerische Freunde, anuskriecherische Assistenten und geschmierte Schmierfinken stecken.

„Have no respect for the authority of others, for there are always contrary authorities to be found" (Bertrand Russell).

Ein Haufen Studenten (lang, lang ist's her) hatte aus den Schriften von Adorno und Horkheimer das Wort ‚antiautoritär' herausgeklau(b)t und tagespolitisch mißbraucht. Dieser Mißbrauch sollte nicht darüber hinwegtäuschen, daß jedes originäre Denken zutiefst autoritätsfeindlich ist: nichts darf auf bloße Autorität hin angenommen werden, alles muß versuchsweise bezweifelt und in Frage gestellt werden, denn nur so entdeckt man neue Wahrheiten.

Alle bedeutenden Autoritätenkritiker werden von der Nachwelt zu neuen Autoritäten erhoben.

‚Man lasse sich ja nicht durch Autorität imponieren' – sprach Geheimrat Goethe.

Erfundene Zitate

„Eine Teerose ist eine Teerose ist eine Teerose" (Earl Grey).

„Sie haben ihre Schicksale, die Libellen" (Alfred Brehm).

„Die Welt ist alles, was der Fall ist" (Galilei auf dem Turm in Pisa).

„Der Ball ist eckig" (Eleanor Rugby).

„Reime sind Schleime" (Seume).

„Schlafe nie mit einer Person, die verrückter ist als du" (Sigmund Freud).

„Schwimme nicht gegen den Strom, sondern ströme gegen den Schwamm" (Jacques Cousteau).

„Ich weiß alles" (Xanthippe).

„Liebe geht durch den Magen" (Linda Lovelace).

„Zeitungsenten sind nicht ohne Grund zu vermehren" (William Occam).

„Entweder konsequent sein oder inkonsequent - aber nicht dieses ewige Schwanken!" (Dubius Resolutus).

„Störe meine Greise nicht" (Philomene Bautzis).

„Warum blüht die Rose ohne Warum?" (Angelus Novus).

Wohlgesetzt

Die jungen Setzer von heute setzen, wenn das Wort ‚Flakhelfer‘ an ihre Ohren dringt, unbesehen ‚Flagghelfer‘.

Nachdem ein Setzer seitenlang die Beschreibung eines pompösen Popöchens gesetzt hatte, erfand er das Wort ‚Hinternis‘.

Ein Fehldrucker setzte das Wort ‚Triumphirat‘ in die Zeitung. Das war gar nicht so schlecht, denn alle Triumvirate lösen sich schließlich auf und enden mit dem zeitweiligen Triumph eines einzigen Mannes.

„Ich denke immer, wenn ich einen Druckfehler sehe, es sei etwas Neues erfunden“ (Joethe).

Sehr hübsch dieser Druckfehler: „Im Laufe der Jahre scharrte sich eine große Zahl von Schülern um ihn ...“ (Hessisch-Niedersächsische Allgemeine, 5.11.1990). Wie die Hühner auf dem Hofe! Was doch die ‚Häßlich-Niederträchtige Gemeine‘ alles an unbeabsichtigter Maliziosität zustande bringt!!

1. Auflage: „Leder sind wir“. 2. Auflage: „Luder sind wir“. 3. Auflage: „Leider sind wir“. 4. Auflage: „Leda sind wir“. 5. Auflage: „Lieder sind wirr“.

Ein Satzcomputer trennte, als er mit dem Wort ‚Nachwuchsautoren‘ ans Ende einer Zeile geriet, nicht ‚Nachwuchs-autoren‘, sondern ‚Nachwuch-sautoren‘. Und recht hatte er!

Auf Tucholskys Grabplatte in Mariefred hat ein Steinmetz einen Setzfehler begangen. Eingemeißelt stehen dort die Worte: „Alles Vorgängliche Ist Nur Ein Gleichnis". Pedantische und vermutlich deutsche Besucher haben, wie ich im Juli 1992 sah, auf dem Stein herumgeritzt und aus dem o ein e zu machen versucht. Das war verkehrt, man sollte das verballhornte Goethezitat ganau so stehen lassen. Denn eben dies ist das Gleichnis: alles Vorgängliche und Vergängliche der Dichter und Schriftsteller wird durch die Nachgeborenen durcheinandergebracht.

„Was die Engländer in der Füsik und die Franzosen in der Metafüsik, das sind die Deutschen unstreitig in der Ortokrafi" (Lichtenberg).

Ein Satz, der sitzen soll, muß gesetzt gesetzt werden.

Aviso: alle Dudenverstöße habe ich bewußt so drucksen lassen.

Widmungen

Allen Leitartiklern ins Poesiealbum: „‚Er sinkt, er fällt jetzt' - höhnt ihr hin und wieder; / die Wahrheit ist: Er steigt zu euch hernieder!" (Nietzsche).

Allen Interpreten in die Dissertation: „Man suche keine Erklärung, eine Geschichte wird erzählt und nicht erklärt" (Jorge Amado).

Allen Schreihälsen ins Megaphon: „Die Leute wollen immer, ich soll Partei ergreifen; nun gut, ich steh auf meiner Seite" (Goethe).

Allen Literaturkritikern ins Ohr: „Wenige lesen, aber viele schwätzen" (Schopenhauer).

Allen Diskussionsrednern auf die Manschette: „Mach's Maul auf, aber hör bald auf!" (Dr. Martin Luther).

Allen Ideologen ins Gebetbuch: „Der Denkende ist ein Feind der Orthodoxie" (John Locke).

Für Zwischendenzeilenleser: „‚Komm', spricht Palmström, ‚Kamerad, – / alles Feinste bleibt privat!'" (Morgenstern).

Zwischendurch

Man soll Dinge, die man in Büchern gelesen hat, in der Wirklichkeit suchen, um schließlich auf Dinge zu stoßen, die noch in keinem bisherigen Buch standen.

Ein Zwerg auf der Schulter eines Riesen sieht weiter als der Riese? Ein Zwerg kommt niemals auf die Schulter eines Riesen herauf!

Wissenschaftler erkennt man daran, wie sie ein Buch durchblättern: sie erforschen zuerst den Anmerkungsteil.

Jedes Dogma hat mal als Ketzerei angefangen, vergißt dann aber seine Kindheit und plustert sich als alleinseligmachende Wahrheit auf, wodurch es neue Ketzereien notwendig macht.

Epater le bourgeois, das ist inzwischen das Hauptvergnügen der Bourgeoisie selber.

Eine Resurrektion der Natur ist auch ohne den Menschen möglich – so wie in Kiplings Dschungelbuch der Urwald ein verlassenes Dorf zurückerobert und überwuchert.

Man braucht doch nur zehn Blicke in das Geschichtswerk von Thukydides zu werfen, und schon sieht man, daß la race inhumaine seit soundsoviel Jahren mehrheitlich aus Streithammeln, Leithammeln, Neidhammeln, Schlachtlämmern, Hornochsen und Stimmgabelvieh besteht. ,Worum hammelt es sich'? Toujours la même chose changeante!

Das Buch war sechshundert Seiten stark. Das war das einzig Starke an ihm.

Es gibt zwei Tricks, um sich beim deutschen Publikum in Gunst zu setzen: man schreibe erstens ein dickes Buch, denn die Deutschen haben Respekt vor Dingen, bei denen sie den Eindruck haben, daß fleißige Arbeit geleistet worden ist, und man verzichte zweitens auf jede Art von Polemik und liefere stattdessen eine positive und systematische Darstellung, denn die Deutschen haben's in der Mehrzahl nicht gern, wenn einer sich hinstellt und kritische Bemerkungen fallen läßt. ‚Meckern' ist ‚undeutsch'.

Adornos Maxime war, allen Büchern zu mißtrauen, die dicker als dreihundert Seiten sind. Unglücklicherweise äußerte er dies gegenüber Bloch, der ihm das nie verzieh, denn Bloch hatte nun mal den Hang zum Monumentalen und wollte ein Über-hegel sein. Und zu allem Unglück wurde Adorno auch noch seiner eigenen Maxime untreu und ließ seine ‚Negative Dia-lektik' auf mehr als dreihundert Seiten anschwellen.

Marx mokierte sich ein paar Jahre vor Erscheinen des ersten ‚Kapital'-Bandes über die ‚drei dicken, unerträglich langweili-gen Bände' eines gewissen Herrn Dunoyer. Was macht nun die umfangreichen Bände des Karl Marx faszinierend und die des Herrn Dunoyer langweilig? Warum blättern wir mit Ver-gnügen in dem Opus ‚Das dicke Zillebuch' (Hannover 1991), und warum erfaßt uns Ekel beim Anblick der gesammelten Werke und Ferkeleien von Mister Icksüppsilon?

Das Gefährliche an dicken Büchern ist, daß sie den Glauben nähren, alle Wahrheit der Welt sei in einem einzigen Werk zu finden. Alle Ideologen schwören auf eine voluminöse Schwarte, im Zentrum jeder Glaubensrichtung und jeder Schule steht ein heiliges, dickes Buch. Die Denkenden hingegen, die nur das glauben, was sie kritisch und zweifelnd selbst erforscht haben, sind zu der Einsicht gekommen, daß es schon viel ist, wenn ein Buch mehr als hundert gute Sätze enthält (was selbstredend, wie ich für alle Retourkutscher hinzufügen muß, auch für dieses Buch gilt).

„Ich lese dicke Bücher ohne rechtes Interesse, da ich die Resultate instinktiv schon weiß; diese müssen aber erst durch alles Material hindurchgeschleift werden, und unterdessen verdunkeln sich die Einsichten" (Freud).

Die Verfasser dicker Bücher sind gewöhnlich genau so aufgeblasen wie ihre Werke. „Leute, die dicke Bücher über gewisse Materien geschrieben haben, können nicht leiden, daß man in dünneren etwas sagt, was sie auch hätten sagen sollen, aber nicht gesagt haben" (Lichtenberg).

Das Geheimnis der dicken Bücher ist ganz einfach zu entschlüsseln: sie bringen dem Autor, den Verlegern und den Buchhändlern mehr Geld ein – deswegen sind sie so aufgedunsen.

Die Rezensur

„Die Rezensionen sind bei weitem noch keine Gottesurteile"
(Lichtenberg).

„Schlechte Gedichte wären noch zu ertragen, würden sie nicht
so viele schlechte Rezensionen provozieren" (Brudziński).

„Zu Zwecken der Erwachsenenbildung und der Rezension
genügt es, kreuz und quer im Buch zu blättern" (Enzensber-
ger).

Je üppiger das Anzeigenbudget eines Verlages, desto ausführ-
licher die Rezensionen seiner Bücher.

Aus einem Brief an einen Journalisten: was kostet eigentlich
eine Rezension aus Ihrer Feder?

Er schrieb bisweilen einen Verriß, um den Anschein zu
erwecken, er sei unbestechlich.

Mit den Buchbesprechungen ist es wie mit den Warzenbe-
sprechungen: sie helfen nicht.

Wie bringt man einen Gernegroßkritiker dazu, ein Buch zu
rezensieren? Ganz einfach: man erwähne seinen Namen
lobend im Buch.

Fünfundachtzig Prozent aller Rezensenten sind korrupte und
ignorante Phrasendrescher. Fünf Prozent sind rachsüchtige
Möchtegernpolemiker und weitere fünf Prozent niederträch-
tige Totschweiger. Die restlichen fünf Prozent sind ehrliche,

faire, kompetente und stilvolle Personen, die etwas Substantielles schreiben könnten, wenn sie sich ausnahmsweise mal anstrengen würden.

In Ländern, wo laut Verfassung keine Zensur besteht, wird ihre Aufgabe freiwillig von den Rezensenten übernommen.

Die Zensoren üben Zensur; die Rezensenten erteilen Zensuren.

Hamsun ärgerte sich anfänglich über die unverständigen Rezensionen seiner Bücher, später las er sie überhaupt nicht mehr. Thomas Mann fuhr fort, Rezensionen seiner Bücher zu lesen, denn er wußte nicht, daß ihm sein Verleger mit der Zeit nur noch die positiven schickte.

Alle Rezensionen sind daneben.

Man soll keine Besprechungen lesen, ausgenommen Hymnen.

Ein Rezensent ist ein Mensch, der zum Essen eingeladen wird und zum Dank auf den Tisch kotzt.

„Eine Maxime, die erst bewiesen werden muß, ist schlecht formuliert" (Vauvenargues).

„Eine Definition, die nicht witzig ist, taugt nichts" (Friedrich Schlegel).

„Wer Aphorismen lesen will, die ihm restlos gefallen, muß sie selber schreiben" (Nowaczyński).

„Gedanken hüpfen wie Flöhe von einem Menschen auf den anderen. Aber sie beißen nicht alle" (Lec).

Sprichwörter sind die Überbleibsel verschollener Aphoristiker.

Aphorismen: weder Fisch noch Fleisch, wohl aber Schokolade.

Aphorismen benötigen Leser, die zwischen *einer* Zeile lesen.

Aphorismen sind exakt das, womit Aphorismentheoretiker ihre liebe Definitionsmühe haben.

Aphoristik und Lyrik stehen sich so nahe wie keine anderen Gattungen, doch waren die meisten guten Aphoristiker schlechte Lyriker und die meisten guten Lyriker schlechte Aphoristiker. Die Ausnahmen kann man an den Fingern einer Hand abzählen.

„Dichter sind betrunkene Philosophen" (Jean Paul). Aphoristiker sind ernüchterte Dichterphilosophen.

„Gedichte sind die armen Verwandten der Musik" (Artur Rubinstein). Was wären dann, um im Bild zu bleiben, die Aphorismen?

Der Unterschied zwischen Moritzimen und Morizimen ist genau der zwischen Aphorismen und Klopfsprüchen.

Der Aphorismus muß sitzen, nicht der Aphoristiker.

„Les sentences sont les saillies des philosophes" (Vauvenargues).

Differenzierungen

Der Unterschied zwischen den Genies und den normalen Verrückten besteht darin, daß letztere kein Talent haben.

Ein Glasauge erkennt man daran, daß es menschlicher blickt als das andere Auge.

Brunst kommt von Brennen, denn käme sie von Brummen, dann hieße sie Brunft.

Blut ist bekanntlich ein ganz besonderer Saft, während so mancher Rebensaft unbekanntlich ein ganz besonderes Blut ist.

Witz ist amüsant gemachte Unwahrheit, die bei näherer Betrachtung auf tiefere Wahrheiten hindeutet.

Ein mikrophongeiler Diskutant ist noch lange kein Buchmessias.

Was sich als Nachdenker oder gar noch als Vordenker geriert, ist manchmal nur eine kleine Suhrkampkulturbetriebsnudel.

Wer nur liebenswürdig ist, ist nicht liebenswert.

Ontologische Differenz? Laß das sein!

Das einzige Verdienst der Sprachreiniger ist ein ungewolltes. Zum Beispiel führten sie das Wort ,empfindsam‘ ein, um damit das Wort ,sentimental‘ zu ersetzen und zu verdrängen, aber beide Ausdrücke behaupteten sich nebeneinander, und so haben wir heute dankenswerterweise zwei verschiedene Termini, um damit zwei unterschiedliche seelische Differenzierungen zu bezeichnen.

Oscar Wilde auf Fotos: eine ekelhafte Kröte. Oscar Wilde in seinen Äußerungen: ein bezaubernder Aperçyniker.

Die Differenz zwischen Kosten und Unkosten ist ungefähr die gleiche wie die zwischen Wetter und Unwetter.

Der Unterschied zwischen Remmidemmi und Rambazamba ist Wischiwaschi.

Ein weißer Schimmel ist nicht in allen Fällen ein Pleonasmus. In der Musik beispielsweise nicht!

Der richtige Lehrer lehrt denken, anstatt sein eigenes Denken zu lehren. Nur im Glücksfall fällt beides zusammen.

„Der Niagarafall stellt im Eheleben der vielen Amerikaner, die hier ihre Flitterwochen verbringen, die erste Enttäuschung dar" (Oscar Wilde).

Wenn gewisse Leute über das jeweils neueste Werk eines Autors sagen, sie seien ‚enttäuscht' von ihm, so bekunden sie damit nur ihre unmaßgebliche Anmaßung, über diesen Autor und seine Werke richten zu wollen.

Das halbe Publikum ist immer enttäuscht. Wenn ein Schreiber ein Buch über ein bestimmtes Thema veröffentlicht hat, dann erwarten 50% der Leser, daß er in allen späteren Publikationen bei diesem Thema bleibt, und sind disappointed, wenn er zu anderen Themen überwechselt. Hingegen erwartet die andere Hälfte des Publikums, daß man in jeder Veröffentlichung ein neues Thema aufgreift, und ist disappointed, wenn man ein bereits früher behandeltes Thema noch einmal in anderer Form bearbeitet. Und sobald man an politische und ideologische Nervenpunkte rührt, hat man auch noch alle möglichen beleidigten Leberwürstchen am Hals. Aber vielleicht sind die Spaltungen des Publikums bis zu einem gewissen Grad notwendig: schon Diderot bemerkte, daß ein Buch, um Erfolg zu haben, von der einen Hälfte des Publikums gelobt und von der anderen Hälfte bekrittelt werden *muß*.

„Die Männer heiraten, weil sie müde sind; die Frauen, weil sie neugierig sind. Und beide werden enttäuscht" (Oscar Wilde).

Hoffnung kann nicht enttäuscht werden? Ein als Schlagwort, das Mut machen soll, verwendetes Pseudoargument. Hoffnung kann sehr wohl enttäuscht werden und muß auch zeitweilig enttäuscht werden, denn: nur Enttäuschung hilft gegen Täuschung.

Eine New Yorker Zeitung druckte nach der Ankunft von Oscar Wilde in Amerika die Schlagzeile: „Oscar Wilde enttäuscht vom Atlantik". In einer Londoner Zeitung erschien daraufhin der folgende Leserbrief. „Ich bin enttäuscht von Oscar Wilde. – Der Atlantische Ozean".

Ohne die Frauen gibt es keinen nachhaltigen Erfolg. Montes-
quieus Buch ‚Der Geist der Gesetze' blieb bei seinem Erscheinen im Jahre 1748 zunächst unbeachtet, bis Madame de Ten-
cin, die Salonlöwin und Mutter d'Alemberts, fast die ganze
erste Auflage aufkaufte und unter den meinungsbildenden
Spitzen der Gesellschaft verteilte. Daraufhin wurde das Buch
berühmt und galt bald als Jahrhundertwerk. Ein österreichi-
scher Minister machte einen Besuch bei einer reichen Dame
und bat sie, einem staatlichen Museum ein Bild von Böcklin
zu überlassen; die Dame, die eine Patientin von Sigmund
Freud war, teilte dem Minister mit, er bekäme das Gemälde
für das Museum geschenkt, wenn er Freud zum Professor
ernennen würde. So wurde aus dem armen Arzt und Analytiker der Herr Professor Freud, und weil sich die Welt von
Titeln blenden läßt, wurde sein Werk seither in der Öffentlichkeit respektiert. Lichtenberg erwähnte „die vortrefflichen
Frauenzimmer von Genf", die bei den Zusammenkünften der
dortigen Philosophen zugegen waren und durch ihre Einwän-
de des natürlichen Verstandes die Männer dazu brachten, alle
Künsteleien aufzugeben und sich deutlich auszudrücken – so
ebneten die Frauen den klargewordenen Begriffen den Weg
durch die Welt. Heine lobte die deutschen Frauen im Ver-
gleich zu den geschwätzigen, nervösen, koketten Französin-
nen: „Lächelnde Weiber! Plappern immer, / Wie Mühlräder
stets bewegt! / Da lob ich Deutschlands Frauenzimmer, / Das
schweigend sich zu Bette legt". Lob auch für jene Frauen, die
feuchte Quarkstollen zu backen verstehen! Und Lob für jene,
die heißes Apfel-und-Pflaumen-Kompott herzustellen wissen!! Lob, kurzum, für alle kundigen Frauen, Lob, Lob,
Lob!!!

Übertriebenes

„Wer nicht übertreibt, ist uninteressant" (Gustav Mahler).

Frei sein heißt sich um Dinge kümmern können, die einen nichts angehen.

Ein Paradox, das nicht einmal zur Hälfte wahr ist, ist doppelt falsch.

Die stupende Stupidität seiner Gegner wurde nur noch übertroffen durch die stupende Stupidität seiner Adepten.

Die einen klagen über Seinsvergessenheit, die anderen über Sciencevergessenheit, und alle zusammen sind sie vergessenswerte Seierer.

Der Buchhandel ist die einzige Branche, wo die Händler von der Ware, die sie verkaufen, buchstäblich nichts verstehen.

Die meisten Journalisten sind Phraseure, und die wenigen, die es nicht sind, sind Friseure.

Viele neuere Prosaisten haben gar nichts zu erzählen; sie wollen nur vorführen, daß sie schreiben können: Etüdenliteratur! Nun wäre das ja noch genießbar, wenn sie wenigstens gut schrieben, aber nicht einmal das können sie!!

„Man kann nur wahr sein, indem man übertreibt. Das Problem besteht darin, auf harmonische Weise zu übertreiben" (Flaubert).

Jede Frage nach dem Ursprung versackt in einem regressus in infinitum. Es gibt nur Hypothesen und bestenfalls mehrere mögliche Ursprünge.

Was sich der Beschreibung und Untersuchung entzieht, läßt sich unter Umständen beschwören, aber da gabelt sich der Weg: eine Richtung führt zur Religion, die das Beschworene als feierliche Wahrheit unterstellt und dadurch seine Wahrheit verspielt, die andere zur Kunst, die nur einen Schein in geglückter Form zusammenzaubert und so der Wahrheit spielerisch nahekommt.

So oberflächlich, kurzlebig, korrupt und intrigant, wie sich der Außenstehende den Kulturbetrieb vorstellt, so ist er auch tatsächlich. Die Außenstehenden haben oft die richtigen Ahnungen, Einblicke und Ekelsperren, während die Insider, die vorschnell vor Vorurteilen warnen und nach eigenem Bekunden um ausgewogene Urteile bemüht sind, oft nur Beschöniger und Verharmloser und nicht zuletzt Nutznießer des Betriebs sind.

Wer erkannt hat, daß fast alle bisherigen Ideologien, Mythologien, Religionen, Philosophien und Theorien Irrwege waren, der verliert nur kostbare Zeit damit, die Irrtümer und Lügen detailliert zu widerlegen und die Wirrköpfe aus dem Gestrüpp herauszuführen. Es gibt nur einen Weg: den richtigen Weg zu gehen.

Am fatalsten sind die unerbetenen Spätschüler, die von den Meistern nicht mehr selbst verdammt werden können und sich daher um so behender und ungehinderter als ihre Erben und Testamentsvollstrecker aufspielen können, auch wenn ihr Können nur aus Wahn und Brutalität besteht. Schopenhauer, Nietzsche, Marx und Engels haben sich zu ihren Lebzeiten drastisch von ihren damaligen Mißverstehern distanziert, aber Hitler und Stalin konnten sie leider, leider nicht präventiv diskreditieren.

Wenn die alten Eliten versagen und abtreten, besteht kein Grund zur Hoffnung, sondern eher zur Furcht. Auf trottelhafte und unfähige Monarchen wie Nikolaus II. und Wilhelm II. folgten ein paar Jahre später größenwahnsinnige Kleinbürgersöhne, die es noch viel schlimmer trieben. Nationen, die einmal auf die falsche Fährte geraten sind, stolpern von einer Katastrophe in die andere, bis sich die erschöpften Überlebenden auf einen erträglichen Normalzustand einigen.

Die meisten nachhegelschen Philosopheme sind schon als Momente in Hegels enzyklopädischem System enthalten. So Nietzsches ‚Gott ist tot' (steht wörtlich bei Hegel und Jean Paul), Stirners ‚Einziger' (findet sich an einer unscheinbaren Stelle bei Hegel), Kierkegaards ‚Entweder/Oder', Feuerbachs ‚Sinnlichkeit', Marxens ‚Entfremdung' (und viele andere Begriffe), Blochs ‚aufrechter Gang', Adornos ‚Nichtidentisches', ja sogar Heideggers abstruse Bindestrichdenkerei. Die Nachfolger klaubten jeweils ein Element aus der reichhaltigen Hegelschen Terminologie heraus und stilisierten es zum neuen Prinzip hoch. Und sogar die Hegelkritik der Nachhegelinge ist in den meisten Fällen schon als Selbstdifferenzierung von Hegel vorweggenommen worden. Hegel heute: eine unansehnliche und von der Zeit zugedeckte Ruine, die jedem zu Diensten ist. Brutta Troia!

Schopenhauers Philosophie, dieser merkwürdige und unlogische Mischmasch aus idealistischer Erkenntnistheorie, voluntaristischer Ontologie und buddhistischer Ethik, ist hoffnungslos passé. Nur was nichtphilosophisch an ihm ist, überlebt seine Lehre.

Sartres unglückliche Liebe zu den drei großen Theorien, die er weiterentwickeln und in gewissem Sinn kombinieren wollte: Phänomenologie, Marxismus, Psychoanalyse. Alle drei hat er nur unzulänglich begriffen, und alle drei verunstalten seine Schriften mit ihren gestelzten Termini und Theoremen. Als Philosoph war Sartre flach, als Schriftsteller tief und als Dramatiker tiefflach – durchsichtiges Thesentheater.

Von Bloch läßt sich der klare und souveräne Blick für das Verdienst und die Ergänzungsbedürftigkeit einer Einzeltheorie abgucken, zum Beispiel angesichts der Freudschen Psychoanalyse. Bloch hat den relativen Wahrheitsgehalt der Psychoanalyse deutlich erkannt, aber er hat weder ihre Begriffe übernommen noch psychoanalytisch zu philosophieren versucht, und er hat sich auch nicht in Detailkritik verstrickt. Stattdessen hat er den Teilwahrheiten der Psychoanalyse gleich zwei flankierende Theoreme zur Seite gestellt, nämlich einmal die These, daß Hunger und Selbsterhaltung tiefere und elementarere Triebe sind als die Sexualität (erst kommt das Fressen oder Gefressenwerden, dann kommt die Moral oder Unmoral), und zum anderen die These, daß die Bedeutung der Tagträume entscheidender ist als die der Nachtträume: der Tagtraum bedarf nicht der Entschlüsselung durch den überlegenen und durchblickenden Analytiker, sondern ist in seiner Zielrichtung unmittelbar verständlich. Kein Wunder also, daß sich die Psychoanalyse auf die Nachtträume kapriziert hat, denn hier kann sie sich dem Analysanden als mentaler Wiedergeburtshelfer aufdrängen, während sie bei den Tagträumen im Grunde überflüssig ist.

Man muß es mit den Theoremen und Philosophemen halten wie mit den französischen Schlössern: man besichtige sie, schlürfe in ihren Kellern aus ihrem bißchen vinum veritatis und fahre weiter.

„Da die Philosophie alles, was ihr vorkommt, kritisiert, wäre eine Kritik der Philosophie nichts als eine gerechte Repressalie" (Friedrich Schlegel).

Der Kunstgriff der Philosophen: abstrahiere so lange von der Realität, bis die Abstraktion selbst zur Realität wird.

„Theorien sind gewöhnlich Übereilungen eines ungeduldigen Verstandes, der die Phänomene gern los sein möchte und an ihrer Stelle deswegen Bilder, Begriffe, ja oft nur Worte einschiebt" (Goethe). Das gilt zum Beispiel für Adornos ,Ästhetische Theorie'. Alles Entscheidende über diese zwischen zwei Buchdeckeln ausgebreitete Begriffswüste hat bereits Goethe vorahnend gesagt: „Nichts ist mir hohler und fataler als ästhetische Theorien. Ein Lied, eine Erzählung, irgendetwas Produziertes – das lese ich wohl, und gerne, wenn es gut ist".

Es gibt keine schwarzen Blumen, behauptet Hegel. Auf Kalimantan wachsen schwarze Orchideen. Die Philosophen wissen eben zuwenig von der Welt, die sie zu erkennen beanspruchen.

„Nichts ist so absurd, daß es nicht schon von einem Philosophen behauptet worden ist" (Cicero).

Jeder Versuch der Verwirklichung einer Philosophie endet mit der Diskreditierung einer Philosophie.

„Jedes Mal, wenn die Philosophie sich häutet, schlüpfen Dummköpfe in die abgelegte Haut" (Kierkegaard).

Holismus: eine Ganzheitsphilosophie mit vielen Löchern.

„Man soll nicht mit allen symphilosophieren wollen, sondern nur mit jenen, die à la hauteur sind" (Friedrich Schlegel).

Der leibliche Anblick eines Philosophen beeinträchtigt fast immer die Wirkung seiner Philosophie. Kierkegaard besuchte die Vorlesungen von Schelling und schrieb enttäuscht in einem Brief, daß Schelling aussehe wie ein ‚Essigfabrikant'. Schopenhauer mokierte sich über Hegels ‚Bierwirtsphysiognomie' und über Fichte, den ‚kleinen Mann mit dem roten Gesicht und dem borstigen Haar'. Moses Mendelssohn war häßlich wie die Winternacht. Der Witz an den Philosophen ist, daß die meisten Philosophen gar nicht aussehen wie Philosophen, während umgekehrt die volltönenden Kathederhelden, die so aussehen, wie sich das Vulgopublikum Philosophen vorstellt, meist gar keine Philosophen sind, sondern nur Philosophieprofessörchen und Sekundärliterätchen. Erst wenn der Philosoph in seiner körperlichen Erscheinungsform beiseite tritt, kann sich sein Geist ausbreiten und entfalten. Daß Heraklit, Sokrates, Plato, Aristoteles und die anderen Alten noch heute einen so mächtigen Zauber ausüben, verdanken sie nicht zuletzt unserer Unkenntnis ihres äußeren Aussehens – nur ein paar nichtssagende Gipsbüsten sind von ihrer Physis übriggeblieben. Je ferner uns ein Philosoph ist, desto näher steht uns seine Philosophie.

„Die klassischen Philosophien waren von zweierlei Art – entweder exoterisch, das heißt den Philosophen selber teilweise verständlich, oder esoterisch, das heißt niemandem verständlich" (Ambrose Bierce).

Das 20. Jahrhundert kann auf einen einzigen Nenner gebracht werden: das Chaos der Ismen.

Alle ideologischen Ismen funktionieren nach dem gleichen Prinzip: eines von vielen Teilelementen, die zusammen ein lebendiges Ganzes konstituieren, wird herausgegriffen und zum Hauptfaktor hochstilisiert, von dem alles andere abhängig gemacht wird. So erklärt sich, warum Ismen vor allem von Scharlatanen, Fanatikern, Paranoikern, Schablonisten, Dogmatikern und sonstigen Stupidos vertreten und verteidigt werden, denn bei allen diesen Schmalspurdenkern reicht es nur zu einer monokausalen Schrumpftheorie – mehr begreifen sie nicht.

Ismen werden erfunden, damit dürftige Individuen das Gefühl der Nichtigkeit ihrer Existenz übertäuben und sich als illusionäre Teilhaber des Weltgeistes oder der Weltmaterie oder einer Weltbewegung fühlen können.

Die allen linken Ismen (Anarchismus, Marxismus, Feminismus, Antiimperialismus etc.) gemeinsamen Grundemotionen sind diese: Mitleid mit den Benachteiligten und Empörung über die Ungerechtigkeit der Welt. Die Unterdrückten sollen befreit werden – das ist der verständliche und lobenswerte Impuls aller linken Ismen. Was aber geschieht, sobald die Unterdrückten endlich befreit sind? Hier haben die linken Ismen nicht mehr viel weitergedacht, und hier beginnt bereits ihre große Blamage, denn alle Unterdrückten der Geschichte hatten nach ihrer Befreiung nichts besseres zu tun, als ihrerseits andere zu unterdrücken, und zwar nicht etwa nur die bisherigen Unterdrücker, sondern alle möglichen Individuen, Gruppen, Schichten, Geschlechter und Nationalitäten, die ihrer neuen Herrschaft in die Quere kamen. Die Freude an der Freiheit schlägt schnell um in die Lust an der Macht. Dies bedeutet nicht, daß die rechten Ismen im Recht sind, welche die Unterdrückung zu apologisieren und zu ontologisieren versuchen. Die Konsequenz muß vielmehr so gezogen werden: alle bisherigen politischen und ideologischen Ismen gehören in die Mülldeponie der Geschichte.

„Der Sozialismus wird erst siegen, wenn es ihn nicht mehr gibt" (Tucholsky).

Was die verschiedenen Konfessionen und christlichen Fraktionen in den Jahrhunderten der Religionskriege waren, das waren die Ismen im 20. Jahrhundert: ideologische Überhöhungen fanatisierter Glaubensstreiter.

Das 21. Jahrhundert kennt nur einen einzigen sinnvollen politischen Ismus, den Planetarismus, der das Überleben der Menschheit auf der Erde unter zumutbaren Umständen zu sichern versucht.

Ratschläge

„Man muß immer die klugen Leute um Rat fragen und dann das Gegenteil von dem tun, was sie raten" (Heine).

„Greise geben gern gute Ratschläge, um sich darüber zu trösten, daß sie nicht mehr imstande sind, schlechte Beispiele zu geben" (Larochefoucauld).

„Die Ratschläge des Alters gleichen der Wintersonne: sie erhellen, aber sie erwärmen nicht" (Vauvenargues).

„Die Schlauen geben keine unerbetenen Ratschläge, die Weisen geben nicht einmal erbetene Ratschläge" (Louis Pasteur).

Eine französische Salondame sagte zu ihrem heranwachsenden Sohn: „Du trittst jetzt ein in die Gesellschaft, und ich kann dir nur einen einzigen Rat mit auf den Weg geben – sei verliebt in alle Frauen!"

Faustregel: beantworte keine Gretchenfragen.

Brei sollte man nur dann fressen, wenn dahinter ein Schlaraffenland zu vermuten ist.

Ratschläge sind Rätsel: man muß um mehrere Ecken herumdenken, um die Lösung zu finden.

Maximen sind Aphorismen in Form von Verhaltensregeln. Da aber den meisten Menschen nicht zu raten ist, ist fast alle Maximenschreiberei ‚preaching to the Holzwand'.

Si tacuisses

Galilei schwieg sieben Jahre, Schopenhauer siebzehn Jahre, Wittgenstein über dreißig Jahre, Schelling über vierzig Jahre, Kopernikus ein Leben lang.

„Das Schweigen eines Mannes, der dafür bekannt ist, daß er etwas zu sagen hat, macht mehr Eindruck als das Geschwätz des Redseligen" (Chamfort).

Die Unbestechlichen und die Intriganten haben eines gemeinsam: sie schweigen, aber aus unterschiedlichen Motiven. Die Unbestechlichen haben nachgedacht und erkannt; die Intriganten hüllen sich ohne weitere Überlegung in verbissenes Totschweigen.

„Er hat sich nicht gebessert – er hat nur geschwiegen" (Molnár).

Wer nicht nur von Tuten, sondern auch von Blasen keine Ahnung hat, sollte wirklich den Mund halten.

„Schweigen können zeugt von Kraft, schweigen wollen von Nachsicht, schweigen müssen vom Geist der Zeit" (Demokrit).

Nichtssagendes Geschwätz provoziert beredtes Schweigen.

„Jeder hat dumme Gedanken, nur der Weise verschweigt sie" (Wilhelm Busch).

Am Anfang war die Stille, dann kam das Wort, gleich darauf das Geschwätz – und zum Schluß wieder das Schweigen.

Personaggi

Montesquieu: getürkte Persiflagen.

Bach: der unbewegte Beweger, die zeitlose Moderne.

Henry Miller: der einzige Schriftsteller, der immer nur von sich selbst redet und dennoch nie langweilig wirkt.

Kierkegaard: ein in die Philosophie verirrter Kanzelprediger, der an Bibelstellen entlang denkt.

Peter Sloterdijk 1983: Diogenes in der Bütt. Peter Sloterdijk 1993: ein Talkshowschwafler.

König Artur, der Rubin unter den Steinwayplayern.

Wer zu Lec lacht, lacht am besten.

God save the Küng!

Mehr Licht(enberg)!

Enthüllungsgierige Kleingeister versuchten den Literaturkritiker Reich-Ranicki zu diskreditieren, indem sie publik machten, daß er vor Jahren für den Geheimdienst gearbeitet hatte. Ich finde, daß man etwas anders werten muß: als Geheimdienstagent war Reich-Ranicki hervorragend, als Literaturkritiker hingegen eine Fehlbesetzung.

Fehlende Abschnitte

Die Entwicklung des Menschen vom Tier zur Maschine
Die Entstehung der Unarten
Das Recht des Schwächeren
Der lachende Heraklit
Vom Urkult zur Kultur
Die Hinterlist der Unvernunft
Der Kurschatten des Kurfürsten
Die alte Mada
Schriftfest
Dicky Mob
Widderworte
Der Wisch
Von Seneca bis Edeka
Ekzem homo
Die Gunstkreise der Kunstgreise
Skepsis, die sich selbst beskepst
Minimalmaximen
Lite Gran Ratur
Leisesprecher
Philosophie als gar nicht so strenge Wissenschaft
Der unlogische Aufbau der Welt
Fußtrittnoten
Kopfnüsse für Asinüsse
Machenschaftsbericht
Witz im Unwitz

Probleme des Iglubaus am Kongo
Die Atemfrequenz häuslicher Wildschweine
Die Mohrrübe als keltisches Kultobjekt
Der junge Werther in Leiden
Die Erstbesteigung des Mons Veneris
Die Doraden bei den Sporaden
Fäkalspuren an mittelalterlichen Festungstürmen
Interaktionsprobleme zwischen Katze und Hund
Die Erblichkeit der Kinderlosigkeit
Reimwörter auf Senf
Brauchen Vulkanologen Feuerzeuge?
Die Wanderdüne im Zeitalter der Völkerwanderung
Das Paarungsverhalten des Einsiedlerkrebses
Unterbringungsmöglichkeiten für ausgebombte Flohzirkusse
Die Trockentoleranz der Naßforschheit
Der Reptilienfonds in evolutionstheoretischer Sicht
Verdampfungseffekte bei offenstehendem Weinessig
Die Kampfwertsteigerung des Panzerkäfers
Vom Kolkraben zum Kotzraben
Kind und Hegel
Strukturgemeinsamkeiten zwischen Eileiter und Hühnerleiter
Die Funktion des Wortes ‚kritzekratze' im Werk von Goethe
Defizite in der Exegese des Postleitzahlenverzeichnisses
Die Überdehnung der Punktualität im Pointillismus
Der arme Ritter als Relikt des kulinarischen Feudalismus
Formationsphasen fossilienhafter Frohnaturen
Topolino als Topos
Der Holismus als Endphase des Alkoholismus
Die Geistlosigkeit der Geisteswissenschaften
Der Fetischcharakter der Software

Habilitationsschriften

Textologie der Kontextologie
Strukturelle Rekurrenz als Textsortenkriterium
Epiphänomenologie der Epsteiner Epigraphik
Chaotoide Beiträge zur Konfusionstheorie
Zur Typenlogik der Kompetenzappetenz
Die Hermesfigur in der hermetischen Hermeneutik
Kraterische Eruptionsrhythmologie
Die Augenblicklichkeitslehre der Ewigkeitsphilosophie
Fragile Studien zur Konsistenz des Streuselkuchens
Die Dissertation als Verfallsform hybrider Langprosa
Die Fließdynamik unbehauster Weinbergschnecken
Problemfeldrekonstruktive Fremdsprachendidaktiktaktik
Unkontrollierbare Streßreize bei Knollenblätterpilzen
Transaktionskostenintensive Probleme von Immobilienhaien
Strukturalismus als Modefurzsyndrom
Vermarktungspossibilitäten der Flatulenz
Ethik, Metaethik, Synthethik
Die Pfirsichfarbe in der Physiognomie der Melba
Ejaculatio praecox und Dementia praecox
Komplexitätsmanagementsschwierigkeiten beim Sauhaufen
Innere Zerrissenheit als pneumatisches Strukturproblem
Quasiabsorptionseffekte beim Five-O'clock-Tea
Die Evidenz Eva Renzis
Das Reifenquietschen im Oeuvre von George Gershwin
Untersuchungen zur Paläoökologie des Schafkötels
Esoterische Eseleien
Von Stradivari bis Larifari
Liebesbeziehungen zwischen Wachtelkönig und Tüpfelralle

Speisekarte

Gebratene Maikäferherzen
Gesottene Nachtigallenzungen
Tomatisierte Glitschis an Regenwurmsauce
Harzer Motorroller, vierter Gang
Haifischsteak ‚Reich mir die Flosse'
Ketch-up, frisch aus dem Automaten
Aufgewärmter Sauerkohl à la Witwe Bolte
Spinatwachtelnesterauflauf
Eier in Honigwein nach Methoden der alten Germanen
Ketzergehacktes ‚Sancta Simplicitas'
Schnürsenkelspaghetti à la Goldrausch
Bärentatzen in Wildblütenhonigwaben
Ochsenschwanzsuppe nach Art des Narrenhauses
Gebackene Winterfliege
Meerschwein in Meerrettichsauce
Gefüllter Eierkuchen aus dem Palacinquecento
Jazzkompott à la Chris Rhabarber
Froschquark mit Salpetersilie
Halbverfrorenes mit Campusschampusschlampampus
Gauchozermürbtes Vollrindledergulasch
Fischphantasie, an die Scholle gebunden
Indianerskalp mit verlorenem Windei
Brautsalat mit Schleiereulengeschnetzeltem
Rabiate Kohlrabi mit Süßholzraspeln
Petersilie von Kleist mit Schillerlocken
Karpfen Diem

Briefanfänge

Sehr geehrter Herr Erlenbrecht
Erdenbrecht
Erkelenz
Eberhart
Entenbrink
Entenheck
Eschenbrett
Erkenbach
Erkenstein
Erkenreck
Eckenheid
Eckenbrecher
Erikenbrechl
Eckermann
Eggenbart
Ehrenbrot
Echsenbucht
Eichendreck
Engelhardt
Engelbruch
Engelbrecht
Erkerfracht
Frekenbrecht
Brokenbrecht
Herzenberg
Reckenhecht
Herkenrath
Heckenpracht
Irchenbert
Birkenspecht

Banalitäten

„Alles ist bereits entdeckt, nur in der Gegend der Banalität gibt es noch Neuland" (Lec).

Die Banalität liegt ungefähr in der Mitte zwischen der Analität und der Bananalität.

„Das Banale ist die Konterrevolution", zitierte Bloch fort-während einen russischen Schriftsteller der 20er Jahre. Heute sind sowohl Konterrevolution als auch Revolution banal und schal geworden.

Die meisten, die eine bestimmte Formulierung als ‚banal' bezeichnen, wollen damit nur vorspiegeln, daß sie wählerische und hypergebildete Schöngeister sind.

Auch in den Bannalen der Weltgeschichte gibt es noch über-raschende und hochdifferenzierte Abstufungen: Trivialismen, Vulgarismen, Common Nonsense, Phraseursalons und der-gleichen Meer.

Flauberts ‚Dictionnaire des idées reçues' (das man mit ‚Kata-log der schicken Phrasen' oder mit ‚Kleines Lexikon der Bana-litäten' übersetzen könnte) enthält einen gußeisernen Bestand an stehenden Redewendungen, die alle politischen und ideo-logischen Moden überdauern, vermutlich weil die sich geist-reich dünkenden Holzhammerköpfe in allen Epochen gleich behämmert sind.

Bevor der Erpel dreimal schnattert, wird jede Pointe zur Zei-tungsente.

Nur Kluge können sich dumm stellen, nur Weise können einfach und scheinbar banal formulieren.

Originell kann nur der sein, dem keine Banalität fremd ist.

Die Kunst des Aphorismus besteht nicht zuletzt darin, noch der abgegriffensten Banalität antibanale Aspekte abzugewinnen. Am Anfang war die Phrase, am Ende das Wort.

Menagerie: piepsige Schmierfinken, stachlige Konkubienen, tückische Tucken, kauzige Eulen, vollgefressene Septemberfliegen.

Benamsungen: Tea-Room ‚Trübe Tasse', Konditorei ‚Sine qua non', Gasthaus ‚Zum Teufel', Cinemathèque ‚Fatty Arschbackel', Hotel ‚Zur Wanze'.

Seltenheiten: ein geselliger Solipsist, ein übercandidelter Voltairianer, ein geistvoller Geisteswissenschaftler.

Verballhornungen: Voltähr, Essä über die Möhren, Kraut- und Rüben-Verlag, Karottweiler ohne Haar / Zuviele Kipploren, Film von Carlo Pontifex / Ernst Heiter, Hahandbuch der Sattire / Bundesligaspiel zwischen Schalke 05 und München 61, kommentiert von Thomas Carmen / Tombola ‚Winne-tu-ich'.

Wortbildungen: Sichnichtunterkriechenlassen, schlafgemächlich, Larifarisafari, Hauskreuzritter, Xantippfehler, Rechthuber, Luluputana.

Ein Springinsfeld brachte zu einem Stelldichein mit einer Faßmichnichtan ein Vergißmeinnicht mit, jedoch ein Tunichtgut spielte den Haudraufundschluß.

Eine lebende Legende ist leicht zu finden: in jedem Hühnerstall.

Immer wenn der chinesische Kellner ‚Danke schön' sagen wollte, brachte er hervor: ‚Da sein'.

Schauspieler Schmidt beleidigte Schauspieler Müller und wurde dazu verurteilt, sich bei Müller in dessen Wohnung vor geladenen Zeugen zu entschuldigen. Zur festgesetzten Stunde klingelte Schmidt an der Wohnung von Müller und sagte, als man ihm die Tür öffnete: „Wohnt hier Meier? Nein – ach dann verzeihen Sie bitte vielmals!"

Der ägyptische Flottenbefehlshaber Nil Admirali sagte einmal in gebrochenem Koptisch zu dem Tempelritter Apu Simpel: „Kleopatra Nase nix gut!"

Sie konnten ihm nicht das Wasser reichen und versuchten deshalb, es an ihm abzuschlagen.

Schlechte Ernährung schwächt den Geschlechtstrieb. Daher das kärgliche Essen in Klöstern, Kasernen und Universitätsmensen.

Zuerst glichen sie sich wie ein Ei dem anderen, dann wie ein Ai dem anderen und schließlich wie ein Hai dem anderen.

Zwei, die sich auf denselben Standpunkt stellen, treten sich auf die Füße.

Die beste Verdeutschung für das Wort ‚Interpret' stammt von Klopstock: ‚Deutling'.

„Jeder Box ein Ochs", sagte René Weller und erfand damit den Wellerismus.

Bilder ohne Worte

Es ist überhaupt keine Kunst, über Kunst zu *reden*.

„Verschließ dein Ohr vor allem Wortgeprahle über bildende Kunst – komm, genieße und schaue" (Goethe).

„Über Bilder läßt sich nichts sagen, man liebt sie oder verabscheut sie, aber mit Worten lassen sie sich nicht erklären" (Picasso).

„Kunst kommt aus der Innenwelt der Außenseiter"(Ulrich Horstmann). Kunstkritik kommt aus der Oberflächlichkeit der Insider.

Daß Kunst der wortreichen Interpretation bedürfe, ist die Lebenslüge der Ästhetikschwätzer und der Vernissagesektschlürfer.

Kunst gips nicht mehr.

Kunst war einmal, was schön gemacht ist. Kunst nennt sich heute, was hübsch häßlich ist.

Was in den Museen und in den Ausstellungen der ‚modernen' oder gar ‚postmodernen' Kunst zu sehen ist, besteht größtenteils aus Schmierage. In keinem Kulturbereich tummeln sich heutigentags so viele erklecksliche Scharlatane wie in der bildenden Kunst. Talentlose aller Länder plazieren formlosen Dreck irgendwohin und nennen Kunst, was nun wirklich keine Kunst ist. Und wer solche Hohlheit, die von der ursprünglich sinnvollen Provokation nur noch die ritualisierte

Geste übrigbehalten hat, mit Fug als Unfug bezeichnet, den verunglimpfen sie auch noch als Banausen und als Reaktionär. Für die Gegenwart gilt, was für alle Zeiten und für alle Kulturbereiche gilt: bestenfalls zwanzig Personen aus einer Generation sind große Künstler, während der Rest aus Nichtskönnern und Wenigkönnern besteht.

Kunst kömmt bekanntlich von Können; die zeitgenössische Kunst kann wenig bis nichts. Alleskönner wie Picasso und Max Ernst werden immer seltener.

Große Kunst erkennt man daran, daß sie stumm macht und sprachlose Bewunderung erzwingt.

Je dürftiger das Kunstwerk, desto pompöser die interpretatorische Blasmusik.

Je mehr einer von Kunst versteht, desto weniger redet er darüber.

Der beste Festredner aller Zeiten war jener Gentleman, der seine Rede mit den Worten eröffnete: „Meine Damen und Herren, ich komme zum Schluß…".

Oscar Wilde trat nach der Aufführung eines seiner Stücke vor den Vorhang und sagte: „Ich bedaure, Ihnen mitteilen zu müssen, daß Oscar Wilde nicht anwesend ist".

„Nach meiner schweizer Uhr ist es jetzt genau…" sprach ein italienischer Fernsehreporter.

„Ach", sagte die deutsche Touristin, „als wir kürzlich in Lido di Esolo waren…".

„Wie schon Krethi und Plato erkannt haben…" versprach sich der Philosophievorleser.

„Weiß der Kuckuck…" sagte der Geier, „aber was weiß schon ein Kuckuck?"

Mißtraue allen Leuten, die ihre Sätze so anfangen: „In der Philosophie ist es immer so, daß…" / „Das kann man innerhalb der Wissenschaft nicht machen…" / „Der Künstler muß das eben so ausdrücken…" / „Es ist nicht die Aufgabe der Politik…".

Ein Engländer hörte ergriffen zu, wie Goethes Gedicht ‚Erl-
könig‘ vor einem kleinen Publikum rezitiert wurde. Am Ende
wischte er sich eine Träne aus dem Auge und meinte begüti-
gend, es sei ja nicht ganz so schlimm, daß der Vater sein Kind
verloren habe, denn es blieben ihm immerhin noch fünfzehn
übrig. Nach einigen erstaunten Rückfragen stellte sich heraus,
daß der brave Engländer die drittletzte Gedichtzeile so verstanden hatte: „Er hält in Armen das sechzehnte Kind".

Nach einem Vortrag von Karl Marx trat ein Zuhörer auf ihn
zu und sagte, er habe alles verstanden – er wisse nur nicht, was
das Wort ‚Achtblättler‘ bedeute, das Marx dauernd im Munde
geführt habe. Des Rätsels Lösung: in der rheinischen Aus-
sprache Marxens klang das Wort ‚Arbeiter‘ für diesen Zuhörer wie ‚Achtblättler‘.

Köstlicher Sprachtrick aus der Zeit des ‚Dritten Reiches‘: statt
‚Heil Hitler‘ murmelten die Nazigegner ‚Ein Liter‘, und die
Nazibonzen, die dieses Gemurmel hörten, waren‘s zufrieden.

Eine Stasiwanze lauschte in Wolf Biermanns Ostberliner
Wohnung, und der Mann hinter der Wanze meldete schriftlich weiter, daß soeben ein neues Lied über einen gewissen
‚Shickyvara‘ entstanden sei. Wer weiß, ob es unter den Sta-
sioberen wenigstens einen gab, der auf die Idee kam, daß
damit ‚Che Guevara‘ gemeint war!?

Das elende Quasselwort ‚quasi‘! Wer dieses Wort gebraucht, hat sich schon als Phrasenmähdrescher decouvriert. Ausnahme: Wolf Biermanns Reim ‚Stasi-quasi‘.

Zu meidende Adjektive: ‚fulminant‘, ‚humorig‘, ‚elefantös‘, ‚pyramidal‘, ‚seriös‘, ‚fundiert‘, ‚pauschal‘, ‚existenziell‘, ‚wichtig‘, ‚niedlich‘ (etc.).

Sogar das Wort ‚konkret‘ ist zur abstrakten Schablone verkommen. Kein Wort mehr ist unverbraucht. Jede Vokabel, die man verwenden will, muß erst beargwöhnt und, falls möglich, entphrasifiziert werden.

‚Seit Freud wissen wir…‘ / ‚Seit Nietzsche wissen wir…‘ – ach, wer ist denn dieses ‚Wir‘? Ein sich gebildet gebendes Ich, das nicht arrogant erscheinen will und deshalb ein bescheidenes ‚Wir‘ erdichtet, das dann erst recht geschwollen wirkt. Und nicht nur das ‚Wir‘ ist irreführend, sondern meist auch die Datierung. „Seit Mary Hesse“, schrieb einer unserer akadämlichen Quatschköpfe, „wissen wir, daß die philosophische Sprache unvermeidlich metaphorisch ist“. Ach du liebe Zeit, dies wußten wir nicht erst seit Mary Hesse, sondern spätestens seit Heraklit. Und seit ich die Schriften dieser obskuren Minigröße namens Mary Hesse zur Hand nahm, wußte ich auch, warum ihr von unserem Quatschkopf eine derart epochale Bedeutung zugeschrieben wurde: Mary Hesse hatte nämlich über unseren Quatschkopf ein paar lobende Zeilen veröffentlicht. So spielen sie sich ihre kleinen Bälle zu, unsere unwissenden Tischtennisphilosophaster.

„Es scheint die Mission der Deutschen in Paris zu sein, mich vor Heimweh zu bewahren" (Henri Heine).

„Deutschland ist ein so schönes Land, daß man am besten außerhalb seiner Grenzen lebt" (Charles Marx).

Die Frage der ‚Ausländerfeindlichkeit' muß von Land zu Land und von Fall zu Fall völlig verschieden beantwortet werden. Der Fehler der Deutschen war, daß sie zu ausländerfeindlich waren und sind, während der Fehler der Indianer darin bestand, daß sie zuwenig ausländerfeindlich waren.

Nietzsche wollte die deutschen Antisemiten des Landes verweisen. Ein halbes Jahrhundert später trieben seine selbsternannten Nachfolger die deutschen Anti-Antisemiten aus dem Land.

Ins Ausland, schrieb Karl Kraus, soll man schon deswegen gehen, um die deutsche Sprache nicht zu verlernen.

Nirgendwo parliert der Deutsche so häßlich wie im Ausland.

„Il faut cultiver notre jardin". Den berühmten Schlußsatz aus dem ‚Candide' versteht man erst dann richtig, wenn man erfährt, daß Voltaire diesen Roman in Schwetzingen begonnen hat.

Man braucht doch nur in Syrakus und Umgebung gewesen zu sein, um zu sehen, daß Platos Utopie Schiffbruch erleiden mußte.

Sätze des Widerspruchs

„Lieber Leser, wenn schon ich mir so oft widerspreche, dann ist es wirklich gänzlich überflüssig, daß auch du noch mir widersprichst" (Egon Friedell).

„Gebildete widersprechen anderen, der Weise widerspricht sich selbst" (Oscar Wilde).

„Ein vernünftiger Mann widerspricht nicht seiner Frau. Er wartet, bis sie es selber tut" (Humphrey Bogart).

„Die Leute, denen man nie widerspricht, sind entweder die, welche man am meisten liebt, oder die, welche man am geringsten achtet" (Marie von Ebner-Eschenbach).

Wenn Experten einander Widerworte geben, so liegt das zur Hälfte daran, daß die Natur der Sache in vielen Fällen kompliziert und undurchsichtig ist, zur anderen Hälfte jedoch daran, daß die Experten, um ihrExpertentum zu demonstrieren, mehrenteils ein eitles und rechthaberisches Betragen an den Tag legen und weder willens noch fähig sind, Fehler und Irrtümer öffentlich einzugestehen, weswegen Jean Paul so schön sagte: „Jeder Fachmann ist in seinem Fach ein Esel".

Hegels Theorie: objektivierter Widerspruchsgeist, aber mehr Geist als Widerspruch.

Jugendlicher Widerspruchsgeist: mehr Widerspruch als Geist, einschnappendes Geltungsbedürfnis, schnell fertig sein mit dem Wort und mit dem Gedanken.

Auf die Frage, ob sie an die Existenz von Feen glaube, antwortete eine irische Frau: „Nein, aber es gibt welche".

In jenen Sätzen, die von logischen Puristen als ‚widersprüchlich' verketzert werden, stecken meistens die tiefsten Wahrheiten. Kein aufschlußreicherer Satz ist jemals über das Phänomen der Angst gesagt worden als dieser von Karl Valentin: „Ich kenne keine Furcht, außer wenn ich Angst habe".

„Man bestreite keines Menschen Meinung, denn wenn man alle Absurditäten, die einer glaubt, ihm ausreden wollte, könnte man Methusalems Alter erreichen, ohne damit fertig zu werden" (Schopenhauer).

„Es ist ganz einerlei, ob man das Wahre oder das Falsche sagt: beidem wird widersprochen" (Goethe).

„Ich wiederhole mich bisweilen, um damit einen gewissen Ausgleich für meine vielen Widersprüche zu schaffen" (Louis Scutenaire).

„Wenige sind wert, daß man ihnen widerspricht" (Ernst Jünger).

„Der Zweck heiligt die Mittel" (Ignaz der Loyale). „Die Mittel entheiligen den Zweck" (Erich Kästner).

„Nosce te ipsum" (Delphinus Usus). „Nur Flachköpfe kennen sich" (Oscar Wilde).

„Sage mir, mit wem du schläfst, und ich sage dir, von wem du träumst" (Lec). „Sage mir, von wem du träumst, und ich sage dir, mit wem du nicht schläfst" (Brecht).

„Schiller geht nach oben, Goethe kommt von oben" (Grillparzer). Grillparzer bleibt in der Mitte sitzen.

„Auch Herrn Churchill wird einmal die Chrysantheme aus dem Knopfloch fallen", höhnte Herr Goebbels. Kommentar: Joseph Goebbels † 1945, Winston Churchill † 1965.

„Bin ich jemals gemein zu dir gewesen?" „Nein, das ist ja das Gemeine!"

Die chinesischen Philosophen Zhuang Zi und Hui Zi standen auf einer Flußbrücke. „Schau", sagte Zhuang Zi, „wie die Elritzen aus dem Wasser springen! Die Fische freuen sich!" Da sagte Hui Zi: „Du bist kein Fisch – woher weißt du, ob die Fische sich freuen?" Zhuang Zi aber sagte: „Du bist nicht ich. Woher weißt du, daß ich nicht weiß, ob die Fische sich freuen?"

„Der Zweck heiligt das Brechmittel" (Karl Kraus). „Der Scheck heiligt die Drittmittel" (Donald Budget).

Königliche Antworten

Der Kommandeur eines Kavallerieregiments fragte beim Alten Fritz an, was mit einem Soldaten geschehen solle, der mit einer Stute Unzucht getrieben hatte. Der König entschied: „Der Kerl wird zur Infanterie versetzt".

Alexander der Große wollte trotz einer Verwundung seine weiterziehenden Soldaten auf einer Tragbahre begleiten. Die Kavallerie und die Infanterie stritten sich um die Ehre, seine Tragbahre transportieren zu dürfen. Alexander beendete den Streit mit dem Satz: „Tragt mich abwechselnd!"

Man schilderte einem preußischen König in Berlin die Vorzüge der neuerfundenen Eisenbahn: es sei jetzt möglich, mit der Dampflokomotive schon um neun Uhr morgens in Potsdam zu sein. Jedoch der König sagte nur: „Was soll ich um neune in Potsdam?"

Ein deutscher König erhielt eine Bittschrift von einer Stadt, die an dem Fluß Pissa lag und diesen Namen gern ändern wollte. Der König schrieb an den Rand des Gesuchs: „Genehmigt. Schlage vor: Urinoko".

Ein kleinasiatischer Großkönig weilte zu Besuch in Wien und wurde von seinen Gastgebern zum Pferderennen eingeladen, sagte aber ab mit der Begründung: „Daß ein Pferd schneller laufen kann als ein anderes, wußte ich bereits – und es interessiert mich nicht, welches".

Man schmeichelte Cromwell mit der Bemerkung, daß so viele Leute gekommen seien, um seinen Triumphzug durch London mitzuerleben. Er aber erwiderte: „Dreimal so viele wären gekommen, um mich gehenkt zu sehen".

Zwei Frauen von hohen Beamten konnten sich nicht darüber einigen, welcher von beiden bei gesellschaftlichen Anlässen der Vorrang gebühre. Deshalb wandten sie sich schriftlich an den Alten Fritz und baten ihn um eine definitive Entscheidung. Fritz antwortete knapp und rund: „Die größere Närrin hat den Vorrang".

Ratten

„Ratten, die ein Schiff verlassen haben, nehmen es ihm übel, wenn es nicht versinkt" (Brudziński).

Ratten, die sich auf einem Schiff durchschlagen und durchbeißen, sind nicht ‚treu‘, und Ratten, die vor dem Wasser flüchten, das im lecken Schiffsboden durchsickert, sind keine ‚Verräter‘. Sie sind nur schlau, instinktsicher und überlebenswillig. Und was für die Schiffsratten gilt, gilt auch für Landratten, Ballettratten, Literaten und vergleichbares Geziefer. Schon Schopenhauer sagte bewundernd über die Ratten: „Durch ihre klugen Augen bekunden sie einen ungewöhnlichen Intellekt".

Die Ratte ist der Gefolgsmann und der Thronprätendent des Menschen: in allen Erdteilen heimisch, allen Klimata gewachsen, pestverbreitend und allesfressend, universell anpassungsfähig und sogar bombenresistent. Mutierte Riesenratten sind vielleicht die Dinosaurier der Zukunft.

Die Ratte ist weniger zivilisiert, aber auch weniger anfällig als der Mensch. Eben weil die Ratte keine Leseratte ist und mit wenigem zufrieden ist, ist sie robuster als der überzivilisierte homo schlappiens.

Rattenkönige sind vielleicht verwunschene Froschkönige.

Das einzige, was Ratten fürchten, sind Katzenköppe.

„Die Ratten betreten das sinkende Schiff" (Alfred Polgar).

Kinderfragen

Gegen wen ist die Antilope?
Wo kommen die kleinen Störche her?
Was macht der Wind, wenn er nicht weht?
Ist Donald Duck ein Schnabeltier?
Kannst du mir *zuviel* von der Marmelade geben?
Wen heirateten Kains Kinder?
Was ist auf der anderen Seite vom Jenseits?
Was für ein Tier ist der Dalai Lama?
Was passiert, wenn ein Ungeheuer ein Geheuer trifft?
Wer läuft schneller, ein Hase oder ein Kaninchen?
Warum reimt sich Parlamentarier auf Vegetarier?
Warum wachsen Fußnägel langsamer als Fingernägel?
Wie plant man seine Fehler?
Wird ein Seehund älter als ein Landhund?
Warum geschieht jeden Tag so viel, daß die Zeitung genau voll
wird?

Scholien

Das Lied von Bernadette. – Gott werfelt nicht.

Ergänzung zu Karl Kraus. – Im deutschen Sagenkreis wird einst ein großes Durcheinander herrschen zwischen Kyffhäuser, Kaufhäuser und Kiffhäuser.

Marie von Ebner-Eschenbach, neu gelesen. – „Jeder Mensch hat ein Brett vor dem Kopf, es kommt nur auf die Entfernung an". Jedoch der Doppelsinn des Wortes ‚Entfernung' läßt hoffen.

Korrektur zu Chamfort. – Es gibt zwei Arten von Freunden: Freunde, die uns im Stich lassen, und Freunde, die uns auf die Nerven gehen.

Frage an Florian Geyer. – „Nulla crux, nulla corona!" Ja gut, aber was dann?

Gutachten zu Nietzsche. – Am Ende wäre er doch besser Basler Professor als Pseudogott geblieben.

Tock, tock, Toccata. – „Die deutsche Sprache ist die Orgel unter den Sprachen" (Jean Paul). Bei so manchen neueren deutschen Literaten reicht es nur zur Hammond-Orgel.

Tourismus. – „Die ägyptischen Tempel gehen mir furchtbar auf die Nerven" (Flaubert, Reise in den Orient). Was für eine erfrischende und ehrliche Äußerung! So müßten alle Reisebücher geschrieben sein!!

Thesen

„In jeder Diskussion verteidigt man nicht eine These, sondern – sich selbst" (Paul Valéry).

Kongresse, Kolloquien, Symposien, Festakte, Konferenzen, Podiumsdiskussionen: außer Thesen nichts gewesen.

These: „Die Hölle, das sind wir selbst"
(Thomas Stearns Eliot).
Antithese: „Die Hölle, das sind die anderen"
(Jean-Paul Sartre).
Synthese: „Die Hölle, das sind wir selbst inclusive der anderen" (Hans Ritz).
Hypothese: „Die Hölle des einen ist das Paradies des anderen" (Udo Sempny).
Metathese: „Das Paradies, das sind die anderen in der Hölle" (Zarko Petan).

‚Denken heißt Identifizieren', so lautet die These der einen Denker. ‚Denken heißt Unterscheiden', so lautet die These der anderen Denker. ‚Denken heißt Analogisieren', so lautet die These der dritten Denker. ‚Denken heißt Projezieren', so lautet die These der vierten Denker. ‚Die Denker denken nur, daß sie denken', so lautet die These der Stänker.

Thesen, Thesen, seid's gewesen!

„Ich habe beobachtet, daß unter den Anhängern und Gegnern irgendeiner These die weitaus überwiegende Mehrheit aus Leuten besteht, die sie gar nicht kennen" (Paul Valéry).

Variationen über ein ständig wiederkehrendes Thema

Morgenstunde: Schrecksekunde.
Abendstunde ist aller Laster Anfang.
Kühlerhaube ist aller Laster Anfang.
Morgenstunde geht zugrunde.
Abendstunde hat Geld in der Tasche.
Müßiggang hat Gold am Hemd.
Privatpatient hat Gold im Mund.
Kassenpatient hat Amalgammelzeug in der Fresse.
Morgenständer höhlt den Stein.
Überstunde hat Kies auf der Hand.
Morgenstund hat Volk im Mund.
Morgen stunden dir alle deine Schulden.
Der Schlaf in der Morgenstunde ist der beste.
Morgenstern ist aller Gedichte Anfang.
Morgenstund nimmt den Mund zu voll.
Morgengrauen: das Grauen vor dem Aufstehen.
Morgenstund hat rotes Zäpfchen im Schlund.
Morgenstund hat Gebiß auf dem Nachttisch.
Morgenstund hat Gestank im Mund.
Morgenstund hat Belag auf der Zunge.
Morgenstund hat Blei im Hintern.
Morgenstund hat Blut im Spund.
Morgenstund ist prall und rund.
Morgenstund hat Ei im Mund.
Morgenstund hat Kaffee im Mund.
Morgenstund hat Tee im Mund.
Morgenstund hat Müsli im Mund.
Abendstunde hat Bier im Munde.
Morgenstund ist liebeswund.
Abendstund ist kunterbunt.

Morgenstunde: Geisterstunde.
Abendstunde: Tafelrunde.
Morgenstund hat Schaumwein vorm Mund.
Abendstund hat Likör im Mund.
Morgenstund ist Vagabund.
Abendstund tut Wahrheit kund.
Des einen Morgenstund ist des anderen Gold im Mund.
Man soll die Morgenstunde nicht vor der Abendstunde loben.
Einer geschenkten Stund schaut man nicht in den Mund.
Morgenstund fühlt Abendstund auf den Goldzahn.
Morgenstund Goldmund, Abendstund Narziß.
Morgenstund wird Abendstund.
Abendstund wird Morgenstund.
Morgenstund hat kurze Beine.
Abendstund kommt auf den Hund.
Morgenstund ist ungesund.

(Rund die Hälfte dieser Variationen stammt aus den Samm-
lungen von Wolfgang Mieder, die andere Hälfte ist mir aus
dem Mund gefallen).

Etymologien und Etymogeleien

Chevrolet: die Ziege stinkt.

Kismet: Kiss me, Kate.

„Das Schwein heißt mit Recht Schwein, denn es hält den Stall nicht rein" (Bauernregel – von denen mit den dicksten Kartoffeln).

„Das Wort Gebäude stammt offenbar aus dem Lateinischen: aedificium, gaedibicium, gedibicium, gedibäudium, Gedibeidi, Gebäude. So leiten sich unsere meisten Worte von den Römern ab" (Nestroy).

Abenteuer = teurer Abend.

Lucus a non lucendo – Lokus a non loco movere.

Moderator kommt offenkundig von Moder.

Diavortrag und Diarrhoe müssen eine gemeinsame Wurzel haben.

Etymologie fürs Volk: das Auto schafft Autorität.

‚Strolch' kommt von ‚astrologo', sagt uns die Etymologie. ‚Astrologe' kommt von ‚Strolch', sagt uns die Volksetymologie. Und beide haben recht.

In allen Etymologien steckt eine Spur von Volksetymologie.

Anna Fröhlich (nomen omen) ging zu Franz Grillparzer und bat ihn, für eine Geburtstagsfeier ein Gedicht zu schreiben. „No ja", sagte er, „wenn mir was einfällt". Darauf erwiderte Anna Fröhlich resolut: „No, so schauen's halt, daß Ihnen was einfällt!" Und siehe da: ein paar Tage später war das Gedicht fertig. So einfach müßte es immer sein!

Es ist das Schicksal der großen Denker und Schriftsteller, daß nur mißverstandene und falsch zitierte Sätze von ihnen im Bewußtsein der Allgemeinheit übrig bleiben. So steht es auch mit Karl Kraus. Kein Kraussatz ist bekannter geworden als der erste Satz aus seiner 1933 geschriebenen Antinazischrift: „Mir fällt zu Hitler nichts ein" (Dritte Walpurgisnacht, München 1967, S. 9). Wenn einer auch sonst nichts weiß von Karl Kraus – diesen Satz kennt ein jeder. Meist wird der Kraussatz, der nur aus sechs kleinen Wörterlein besteht, auch noch ungenau zitiert, zum Beispiel von Ernst Jünger: „Zu Hitler fällt mir nichts ein" (Werke Bd. 3, Strahlungen 2, Stuttgart 1960, S. 556). Für Linguisten und andere Flachköpfe mögen beide Fassungen die gleiche Tiefenstruktur besitzen – jeder, der wirklich etwas von Sprache und Stil versteht, spürt sowohl die rhythmische Besonderheit als auch die semantische Verschiebung in der Krausschen Originalversion. Aber selbst wenn man den Satz buchstabengetreu zitierte, wäre das nur die halbe Wahrheit. Für jedes ausgefeilte und vollendete Werk gilt das Prinzip, daß von zwei konträren Formulierungen innerhalb desselben Buches immer die Formulierung, die weiter hinten steht, die höhere Wahrheit besitzt, weil diese spätere Formulierung den Differenzierungsprozeß zum Ausdruck bringt, den ein Gedanke im Laufe eines Buches erfährt. So weiß denn auch jeder aufmerksame Leser, der keine Schlagworte nachbetet, sondern den Gedankengang eines Buches von Anfang bis Ende verfolgt, daß dem Fackelkraus, wie er in der ‚Dritten Walpurgisnacht' ausdrücklich schreibt, „zu Hitler im Zuge der Betrachtung vielleicht doch etwas eingefallen ist…" (gleiche Ausgabe, S. 216). Und nicht nur durch den Zusammenhang des Buches ist der Anfangssatz zu relativieren, sondern durch die Gesamtheit des Kraussen Lebenswerks, durch die österreichische Literaturtradition und durch den Zeitgeist der 30er Jahre (siehe zu letzterem das Buch: Zu Hitler fällt mir noch ein…, Satire als Widerstand, hrsg. Klaus Strohmeyer, Reinbek 1989). Von Grillparzer (siehe links) über Nestroys Formulierung, daß manchen Dichtern „nichts eing'fallen is" (Stich- und Schlagworte, Ffm 1977, S. 171), bis hin zu dem Satz aus Friedells Kerrparodie („Mir fällt nichts ein" – Egon Friedell, Wozu das Theater? München 1965, S. 148), den Kraus möglicherweise parodieren/zitieren wollte, zieht sich der oft variierte Topos vom ‚Einfallen' und ‚Nichts eingefallen' durch die Literatur Österreichs. Auch in den anderen Schriften Krausens taucht er mehrfach auf, beispielsweise in seinen Aphorismenbüchern (Beim Wort genommen, München 1955, S. 287, 290) und in seinen Epigrammen: „… mir fällt zu jedem Dummkopf etwas ein" (Worte in Versen, München 1959, S. 454). Und zwei Jahre nach der ‚Dritten Walpurgisnacht' spricht er von dem einfallsreichen „Nichts, das mir zu Hitler einfiel…" (Fackel Nr. 912-915, S. 70). Man sieht: den Schriftstellern und den Gelehrten fällt vielerlei ein, sogar zu Hitler. Nur die Oberflächler fallen immer wieder auf die gleichen mißverstandenen Kurzzitate herein.

Die einzig sinnvolle Lesung, die einem Schriftsteller ziemt, ist die Korrekturlesung.

Jede autobiographische Literaturerklärung ist ein Dokument des Banausentums.

Psychobanalyse ist die Kunst, nackten Menschen Geld aus der Tasche zu ziehen.

Die literarische Öffentlichkeit zerfällt hauptsächlich in zwei Gruppen: die einen können nicht schreiben, und die anderen können nicht lesen.

In jedem wissenschaftlichen Forschungsbereich gibt es weltweit nur ein paar hundert Individuen, die zu den eigentlichen Problemen vordringen. Der Rest besteht aus Schwätzern und Wortklinglern.

Die Romanciers verdanken ihren Ruhm vor allem der Tatsache, daß die meisten Leute zu blöd sind, um andere Literaturformen zu begreifen und zu goutieren.

Wer den Amtsschimmel als heilige Kuh anbetet, ist ein Esel.

Wenn Mister Icksüppsilon das Zentrum dieser politischen Bewegung sein soll, dann bedeutet das, daß diese politische Bewegung gar kein Zentrum hat.

Wenn neun von zehn Leuten in einem Urteil über ein bestimmtes Buch übereinstimmen, dann beweist das nicht, daß dieses Urteil richtig ist, sondern nur, daß neun von zehn Leuten in der Regel urteilsunfähig sind.

Je mehr Menschen versuchen, die Wahrheit über eine bestimmte Angelegenheit herauszufinden, desto unerkennbarer wird der Sachverhalt.

Für jeden Irrtum, den die Wissenschaft korrigiert, produziert sie zwei neue Irrtümer.

Wer in Begriffen wie ‚in‘ und ‚out‘ denkt und Personen nur deswegen abschreibt, weil sie mal gerade nicht im Mittelpunkt des Gesprächs und des Geschwätzes stehen, hat allein damit schon bewiesen, daß er weiter nichts ist als ein unwesentlicher Modefurzbelauscher.

Folgende Spukgestalten werden hiermit gebeten, sich in heiße Luft aufzulösen: das Ungeheuer vom Sommerloch Ness, der Krethiplethiyeti, der chinesische Kaiser Chien Li undsow.

Manche Mezzosoprane sind in Wirklichkeit Sopranmetzen.

Wer da sagt: „Entweder ich oder das Chaos", der repräsentiert bereits das Chaos.

Es gehört nicht zu meinen Pflichten, dafür zu sorgen, daß Leute, die ich langweilig finde, sich nicht langweilen.

Durchbrüche zu Tiefenstrukturen sind meistens Reinfälle.

„Die Öffentlichkeit verzeiht alles – außer Genie" (Oscar Wilde).

„Die Menschen sind ein Wolfspack, das die zu Tode hetzt, die ihm Gutes tun könnten" (Sigmund Freud).

„Einem Genie verzeiht man vieles. Nach seiner Hinrichtung" (Stanislaw Jerzy Lec).

„Ich hätte viel zu tun, wenn ich mit einer Fliegenklatsche hinter jeder Lüge einherlaufen müßte, welche, ausgebrütet von der Rachsucht, durch den leidigen Neid expediert wird an die Confratres der Mittelmäßigkeit, die überall engverbrüdert sind im Geheimkampf gegen den Genius" (Heinrich Heine).

„Wenn man mit seinem Denken die ausgefahrenen Geleise verläßt, kann man immer gewiß sein, zunächst boykottiert zu werden; das ist die einzige Verteidigung, die die Routiniers in ihrer ersten Verwirrung zu handhaben wissen" (Karl Marx). Wer waren die ignorantesten Gegner von Karl Marx? Die bornierten und mediokren Universitätsökonomen seiner Zeit, die er so treffend und gerecht als ‚breitmäulige Faselhänse‘ beschimpfte. Wer waren die ignorantesten Gegner von Friedrich Nietzsche? Die bornierten und mediokren Universitätsphilologen seiner Zeit, die er im ‚Zarathustra‘ so großartig bespöttelte. Wer waren die ignorantesten Gegner von Sigmund Freud? Die bornierten und mediokren Universitätspsychologen seiner Zeit, über die er nobel hinwegblickte. „Die akademischen Hinterwäldler sind der Fluch der Genies und bilden durch die Jahrhunderte eine geschlossene, feindselige Phalanx schulmeisterlicher Beschränktheit" (Arthur Koestler).

Die Nullitäten von einst haben Walter Benjamin die Universitätslaufbahn vermasselt. Die Nullitäten von heute veröffentlichen Bücher über Walter Benjamin.

Verkannte Genies sind das bevorzugte Studienobjekt der nachfolgenden Philistergenerationen.

Einem Genie kann eigentlich nichts besseres passieren, als verkannt zu bleiben, denn sobald es in der Öffentlichkeit bekannt zu werden beginnt, versucht die neidische, mißgünstige, mittelmäßige Gesellschaft, seine Genialität kaputt zu machen.

Superstar Jesus war ein Ketzer, und die orthodoxen Priester und Schriftgelehrten der damaligen Zeit verlangten seinen Kopf, weil sie selbst keinen hatten. Die inferioren, aufgeblasenen und dogmatischen Halbintellektuellen sind zu allen Zeiten die ärgsten Feinde der Genies. Dumm nur, daß die Anhänger der Genies genau so dumm sind wie deren Feinde und ihre Heroen früher oder später vergotten. Es gibt keine Götter; es gibt nur Genies und Stupidos und dazwischen indifferente Ignoranten.

Es gibt ‚Ideologiekritiker‘, die den Geniebegriff historisch untersucht haben (das behaupten sie wenigstens) und zu dem Ergebnis gekommen sind, daß es gar keine Genies gebe und daß der ‚Geniekult‘ von bestimmten gesellschaftlichen Gruppen erfunden worden sei. Dies ist, ideologiekritisch betrachtet, weiter nichts als die ‚wissenschaftlich‘ verbrämte Rancune talentloser Krittler, die alles Große auf ihre Niedrigkeit herunterinterpretieren und die keine intellektuelle Superiorität anerkennen können. Der Begriff des Genies ist durchaus sinnvoll verwendbar – man braucht ihn ja deswegen nicht gleich zu verkulten.

„Die Zeit bescherte uns viele Genies. Hoffen wir, es sind ein paar begabte darunter". Dies schrieb notabene (dreimal darf jeder raten) ein Genie.

Wehe, wenn sich das Pack selber als Genie vorkommt und den Drang verspürt, die Geschicke der Menschheit in die Hand zu nehmen! Ein schmieriger Kunstmaler aus dem österreichischen Hinterwald und ein entlaufener Theologiestudent aus Georgien haben da im chaotischen 20. Jahrhundert hinreichend gewütet. Und dieses Pack verträgt sich auch nicht, sondern schlägt sich um jeden Preis. Pseudogenies dieser Art sollte man rechtzeitig in ihren Heimatprovinzen zu hochdotierten Zollbeamten befördern, damit sie ihren Drang nach Höherem ihrer Begabung entsprechend ausleben können.

Die Genies erhellen die Welt und weisen den Weg; das Pack versucht erst, die Genies zu bekämpfen, und bemüht sich dann, die Genies zu ‚interpretieren‘ (sprich: mißzuverstehen) und die falsch verstandenen Gedanken der Genies ‚praktisch anzuwenden‘ (sprich: die Welt in ihrem Namen zu verwüsten). Die Genies sind so selten wie der Blitz, der mit einem Schlag den ganzen Nachthimmel erleuchtet, und verschwinden auch wieder wie der Blitz. „Das Mittelmaß bleibt und regiert am Ende die Welt" (Hegel).

„Wenn ein wahrer Genius in der Welt erscheint, könnt ihr ihn an dem Zeichen erkennen, daß alle Dummköpfe gegen ihn im Bündnis stehen" (Jonathan Swift).

Wie alles aufhörte

Kinder glauben alles, Jugendliche glauben alles zu wissen, Männer bezweifeln alles, und Greise lassen alles gelten.

„Mit achtzehn ein Genie, mit dreißig ein Redakteur" (Anton Kuh).

Jugendträume kann man gar nicht verraten. Man kann nur erkennen, daß sie nicht alle realisierbar sind.

„Ein unsterblicher Schriftsteller stirbt in seinen Epigonen" (Stanislaw Jerzy Lec).

Wer nicht mehr weiter weiß, rekurriert auf den lieben Gott. Das Dumme ist nur, daß Gott, falls es ihn gibt, nicht unbedingt lieb ist.

„It is the fate of rebels to found new orthodoxies" (Bertrand Russell).

Indianer spielen, Klavier spielen, Rebellion spielen, Doppelkopf spielen.

„Es kann sich einer noch so sehr mit der Welt herumgestritten haben, am Ende kriegt er doch sein Mädchen und sein Amt und den dazu nötigen Unverstand" (Hegel, leicht verändert).

Wer den Karren nicht aus dem Dreck ziehen kann, dem bleibt zum Schluß immer noch die Möglichkeit, ihn ins Lächerliche zu ziehen.

„Der Geschichte anzugehören ist kaum ein Lob. Sie rühmte die Kriegshelden und Verbrecher und verschwieg die Wohltäter unseres Geschlechts. Die Zeit, sagte Bacon, wo er der verlorengegangenen Schriften eines Empedokles, Anaxagoras, Demokrit und anderer Weiser gedenkt – die Zeit gleicht einem Strom, der Leichtes und Aufgeblähtes zu uns herabführt und in dem das Gewichtige untergeht" (C.G.Jochmann).

Nichts ist beständig außer dem Wechsel, es sei denn, er platzt.

„Ach, wie soll das alles noch enden!? Die eine Hälfte der Menschheit glaubt nicht an Gott, und die andere Hälfte glaubt nicht an mich" (Oscar Wilde).

Am Anfang war das Wort, am Ende war es fort.

Epische Epigramme
222 Sinngedichte
und Unsinngedichte

1.

Jeder Festredner hält
sich für den Schnabel der Welt.

2.

Die Stimme seines Herrn:
das war des Pudels Kern.

3.

Das ist des Scheines List:
es scheint, daß er nicht ist.

4.

Der Reim auf Mensch
hieß abendländsch.

5.

Was bringt Erfolg?
Opium fürs Volk!

6.

So viele Ismen,
so viele Schismen.

7.

Schon in der Windel
war er Gesindel.

8.

Er ist nur eine von den Drohnen,
die bei der Biene Maya wohnen.

9.

Par ordre de Mufti
ward er ein Grufti.

10.

Der Professer
weiß es besser.

11.

Die Bücher eines Dozenten
stammen von seinen Studenten.

12.

Dünn ist das Stipendium,
dick ist das Kompendium.

13.

„Das Wahre ist das Ganze",
flüsterte die Kletterpflanze.

14.

„Es gibt nichts Neues auf der Sonne",
sprach der Mond voll Freud und Wonne.

15.

„Lügner sind alle Kreter",
rief ein von ihnen Verschmähter.

16.

Es sprach die Schwangere:
„Noli me tangere!"

17.

Es sagte Artur Rubinstein:
„Wenn du ihn willst, dann stub ihn rein!"

18.

Es sprach Suleika zum Eunuchen:
„Wir können es ja mal versuchen!"

19.

„Was will uns der Dichter sagen?"
„Gar nichts auf solche Fragen!"

20.

„Du bist mein Glück!"
„Rück mal ein Stück!"

21.

Rose vergeht,
Dose besteht.

22.

Mit zwanzig ein Talent,
mit vierzig ein Rezensent.

23.

Wie wird man ein Rezensent?
Indem man beim Lesen pennt.

24.

Je höher die Bestechung,
desto länger die Besprechung.

25.

Rezensenten:
Enten.

26.

Wichtigkeiten
sind Nichtigkeiten.

27.

Selbst ein Genie, wie du es bist,
schreibt manchmal leider, leider Mist.

28.

Anything goes,
nur nicht Albrecht Goes.

29.

Hermann Löns
ist Gedöns.

30.

Peter Rosegger
hat Dreck am Stecker.

31.

Nur Narrenhände
kaufen Michael Ende.

32.

Laßt dem Simmel
seinen Fimmel.

33.

Morgennatz und Ringelstern:
Apfelnuß und Mandelkern.

34.

Alle Räder stehen still,
wenn Till Eulenspiegel es will.

35.

Ute Lemper:
Geplemper.

36.

Buridan, Buridan,
fang nicht wieder von vorne an.

37.

Petrarcas Aura:
die Liebe zu Laura.

38.

In tiefem Dunkel liegt die Welt.
Auch Newton hat sie kaum erhellt.

39.

Gegenüber Xanthippe
riskierte Sokrates nie eine Lippe.

40.

Sigmund Freud
war viel zu gescheut.

41.
Ein Rudi Bommer
macht noch keinen Sommer.

42.
Ulrich von Hutten:
contra die Kutten!

43.
Manichäer:
Zwietrachtsäer.

44.
Was ich hasse:
Fortschritte in der Sackgasse.

45.
Das Wahre
ist das Rare.

46.
„So ist es eben,
das" (falsche) „Leben".

47.
Das Wesen muß erscheinen
bisweilen auf zwei Beinen.

48.
Wer tut das Gute?
Ich hör nur Getute!

49.
Wer die Wahrheit ehrt,
braucht ein schnelles Pferd.

50.
Wer sich begeistert,
ist schon verkleistert.

51.
Wer Klinken putzt,
ist schnell verschmutzt.

52.
Wer streichelt,
der schmeichelt.

53.
Wer nichts wird,
ist Zwischenwirt.

54.
Wer schreibt,
ist beleibt.

55.
Freunde in der Not
stellen sich tot.

56.
Freunde für's Leben
hat's selten gegeben.

57.

Die ganze Welt ist eingezäunt,
der Mensch ist nicht des Menschen Freund.

58.

Die Welt ist schlecht
selbst für den Specht.

59.

Schäfchen zur Linken
stinken.

60.

In der Hitze des Gefechtes
gedenkt der Herr des Knechtes.

61.

Eine Frau ohne Mann
ist eine Kutsche ohne Gespann.

62.

Das Ewig-Weibliche zieht uns hinunter
und hält uns frisch, gesund und munter.

63.

So fraulich und so hold,
und nur ein Zahn aus Gold!

64.

In der Woche zwier –
oder lieber vier?

65.

Im Lenz
ist mehr Frequenz.

66.

Ostern läuft ein unbehoster
Eremit durchs Nonnenkloster.

67.

Cogito, ergo
a tergo.

68.

Cognomen
est omen.

69.

Sum, ergo cogito:
„Leck mich am Anthropo!"

70.

Ubi Gerenne,
ibi bene.

71.

Ubi Mehl,
ibi Fehl.

72.

Bald murmelt auch Gorbi
‚Urbi et Orbi'.

73.
Quod licet Profi,
non licet Doofi.

74.
Nurmi
est Sturmi.

75.
Tage, Monate, Jahre:
sese conservare.

76.
Nicht jedes Gequiek
ist Musik.

77.
Nicht jede Hektik
ist Dialektik.

78.
Nicht jeder Geier
legt Kolumbuseier.

79.
Hrubesch und Kaltz –
Gott erhalt's!

80.
Bayer Leverkusen
kann ich nicht verknusen.

81.

Rotweiß Oberhausen –
Kackbraun Muffensausen.

82.

Siebenfünfdrei
begann die Sauerei.

83.

Nullachtfuffzehn
sollte lieber in den Puff gehn.

84.

Nullnullsieben
wär besser auf dem Klo geblieben.

85.

Das Lustprinzip
spricht immer: „Giiieb!"

86.

Lirum, larum, Löffelstiel,
kleine Jungens träumen viel.

87.

Single:
Schlingel.

88.

Sich sehnen
bringt Tränen.

89.
Was dem einen seine Eule,
ist dem andern seine Heule.

90.
Ubi Geflenne,
ibi non bene.

91.
Im Garten Eden
begannen die Fehden.

92.
In der Hölle
gibt's kein Gevölle.

93.
Im Sommer fängt der Teufel Fliegen.
Im Winter bleibt er müde liegen.

94.
Ewig pustet der Gelehrte
auf der Wahrheit dunkler Fährte.

95.
Gequak
ist opak.

96.
Unter dem Scheitel
ist alles eitel.

97.

Für alle Sprachverhunzer
drei Vaterunzer!

98.

Mit Geduld und Spucke
fängt man nur ne Tucke.

99.

Liebe mit Molchen
hat Folchen.

100.

Der Mensch lebt nicht vom Brot allein.
Es darf auch etwas Butter sein.

101.

Der Mensch frißt
und vergißt.

102.

Der Mensch denkt,
Gott henkt.

103.

Der letzte Mohikaner
war Hegelianer.

104.

Jedes Zweierlei
wird einmal einerlei.

105.
Damit wir andre Sterne sehen,
muß unsre Sonne untergehen.

106.
Nichts ist wahr
in der Seemannsbar.

107.
Sein Sohn heißt Waldi,
gesponsert von Aldi.

108.
Der noble Plebs
trinkt Schweppes.

109.
Der ärgste Gimpel
ist der Fachsimpel.

110.
Methoden
sind Moden.

111.
Die Ideologen
logen.

112.
Kalte Bauern
müssen versauern.

113.
Alte Hetären
werden Megären.

114.
Wenn alle Stricke reißen,
dann werden die Mäuse kreißen.

115.
Liebesweh
hat einen im Tee.

116.
Jeder grase
unter der eigenen Nase.

117.
Alles Glück der Erde
blüht auf dem Rücken der Merde.

118.
Eine Pawlowsche Kreatur
bellt rund um die Uhr.

119.
Alles anklagen
schlägt auf den Magen.

120.
Die Zukunft gehört den Ratten
und denen, die gar nichts hatten.

121.
Nicht verzagen –
weiter plagen.

122.
Laß das Fluchen.
Mußt's anders versuchen.

123.
Probieren, probieren
geht über Resignieren.

124.
Kalb der Kälber,
erkenne dich selber.

125.
Der Banause
gehört nach Hause.

126.
Wenn du nicht willst, du dumme Kuh,
dann sag auch keinem andern Muh.

127.
Mata Hari:
Larifari.

128.
Ohne Thesen
keine Spesen.

129.
Sie beten ihre kleinen Theslein,
die Häslein.

130.
Kein Weiser
ist heiser.

131.
Jeder Fetisch
ist anästhetisch.

132.
Auch die Ewigkeit
ist nur eine Frage der Zeit.

133.
Mißtraut allen Tips
von Leuten mit Schlips!

134.
Normen, Normen
muß man sich selber formen.

135.
Brauchst du einen Talisman?
Streng dich lieber selber an!

136.
Ich mach mir einen Reim auf dich.
Was besseres verdienste nich.

137.
Daß du in meinem Bette lagst,
beweist noch nicht, daß du mich magst.

138.
Paris, Pigalle:
Touristenfalle.

139.
Ein Zacken in der Tugendkrone
ist keine erogene Zone.

140.
So manche Sphinx
ist nur ein Dings.

141.
Auch der Gewichtheber
hat eine Laus auf der Leber.

142.
Gaffer tüffeln
zu Kafferbüffeln.

143.
Die Hasen hasteten.
Die Jäger fasteten.

144.
Ach, Rumpelstilz,
mach, was du wilz!

145.
Ein blindes Huhn
hat viel zu tun.

146.
Spuck dem Hudelpack
auf den Dudelsack.

147.
Ob nun Rechte oder Linke,
immer geht's um Pinke-Pinke.

148.
Je höher die Aspiration,
desto tiefer die Depression.

149.
Die Hölle auf Erden
könnte verdammt kalt werden.

150.
Wissen ist Macht –
wenn man das Wissen zum Machtwissen macht.

151.
Ich kogitier',
drum bin ich hier.

152.
Ich knülle so gerne Eselsohren
in alle Bücher der Honoratioren.

153.

Ich tanz' am liebsten eo ipso
zwei alte Tangos mit Kalypso.

154.

Die Priester murmeln ‚Kyrieleis‘,
die Leute verstehen ‚Curryreis‘.

155.

Unbefugten Unfug beten:
alter Trick der Katecheten.

156.

Adorniten
mögen Titten.

157.

„Klarheit ist die Höflichkeit der Philosophen“,
bellte der tote Hund hinterm Ofen.

158.

Bach und Mozart und Schubert und Brahms!
Das meiste danach ist Schweinekrams.

159.

So lernt' ich traurig das Gebrechen:
kein Wort ist, wo die Dinge sprechen.

160.

Die fauchenden Chaoten
erheben ihre Pfoten.

161.
Der Vandale
macht Randale.

162.
Alle Spinner
sin Kinner.

163.
Ein Epigramm ohne Reim
darf nicht seim.

164.
Ein Reim auf Lyrik –
schwierig, schwierig.

165.
La rime:
le pont sur l'abîme.

166.
Si tacuisses,
klug schisses.

167.
Irgendwo, irgendwo
spinnt immer ein Floh.

168.
Dem Asketen
fehlen Moneten.

169.
Zeitungsknüller:
Zeilenfüller.

170.
Optimist, Pessimist:
beides Mist.

171.
Junger Gefreiter:
Todesreiter.

172.
Warum, warum
ist das Ding an sich krumm?

173.
Was man erinnert,
klingt spinnert.

174.
Nun mach aber einen Punkt,
du Forstadjunkt!

175.
In der Kürze
lügt die Schürze.

176.
Lang gedacht,
kurz gesacht.

177.
Und fragst du mich: „Hat das Niveau?"
dann sage ich nur kurz: „I wo!"

178.
Nach und nach gelingt's den Leuten,
selbst ein Epigramm zu deuten!

179.
Der Schnee verwandelt sich in Schlamm.
Das Epos schrumpft zum Epigramm.

180.
Ohne Sinn, ohne Sinn
fließt dies Epigramm dahin.

181.
Unsinn ohne Sinn ist blöde?
Sinn ist ohne Unsinn öde!

182.
Ernst als Scherz plus Phantasie:
tiefere Bedeutung der Ironie.

183.
Alles loben, alles preisen –
schon ernennt man dich zum Weisen.

184.
„Das Leben ist eine absurde Reise",
sprach der Weise
ziemlich leise.

185.

Leute
von heute:
morgen die Beute.

186.

Auf dem Bauche
durch die Jauche
robbt das Heer nach altem Brauche.

187.

Im Wein die Wahrheit,
im Bier die Sparheit,
im Schnaps die Klarheit.

188.

Literatur,
Rezensur,
Makulatur.

189.

Doppelt gemoppelt,
dreifach gehoppelt,
viermal gestoppelt.

190.

In den Akten
verschwinden die Fakten.
Zumindest die nackten.

191.
Auch der Heiland
träumte weiland
von einem Eiland.

192.
Von der Amöbe
bis Gert Fröbe:
nichts als Geklöbe.

193.
„Aber, aber
wie makaber!"
So ertönte das Gelaber.

194.
Es tuscheln
und nuscheln
die Miesmachermuscheln.

195.
Es töten sich die Cliquen –
zuerst mit Blicken,
dann mit Stricken.

196.
Ach, Luise,
keine Wiese
war wie diese!

197.

Du landest, pletsch,
im Knetsch,
und aus ist das Match.

198.

Endlos, endlos, endlos währten
die in jedem Jahr vermehrten
Streitigkeiten der Gelehrten.

199.

Das Leben ein Sturz,
die Kunst ein Furz
und den meisten schnurz.

200.

Gottfried von Cramm
verdient ein Epigramm,
die Venus von Milo
hingegen ein Epikilo!

201.

Franziska von Alm
macht uns sick,
und wir singen einen Psalm
auf das feuchte Glück.

202.

Der Sinn des Lebens:
die Kunst des Schwebens,
die Tempel Thebens,
tu nix vergebens.

203.

Wir wissen, auch wenn wir wenig wissen:
das Leben ist eine Hühnerleiter –
recht kurz und steil und reichlich beschissen.
Und dennoch leben wir immer so weiter.

204.

Das Über-Ich und das Unter-Du
verabredeten ein Rendezvous.
Jedoch das Es
verhinderte es.

205.

„Es grüßt dich heiß dein Hase",
so schrieb er seiner Base.
Die Base schrieb ihm kühl:
„Dein Stil ist mir zu schwül".

206.

Flehe nicht in Stoßgebeten
zu dem Barte des Propheten.
Der Prophet ist pensioniert,
und sein Bart ist abrasiert.

207.

Auf jeder Dschunke
sitzt ein Halunke.
Nur welcher es ist,
verschweigt der Chronist.

208.

Das Muß ist eine harte Nuß.
Das Will ist eine weiche Birne.
Das Soll ist ein tiefer Fluß.
Das Kann ist eine teure Dirne.

209.

Wenn's nach uns ginge,
besserten sich viele Dinge.
Da aber wir nichts gelten,
gibt's meistens falsche Welten.

210.

„Wahrlich, wahrlich", sprach Herr Etzel,
„das gibt wieder ein Gemetzel
am Buffet, denn das Geschnetzel
schmeckte nie so gut wie jetzel!"

211.

Gedudel,
Gesudel
und Lobgehudel –
um eine kleine Kulturbetriebsnudel!

212.

„Der Mensch geht vor" –
das Schlagwort der Stunde!
Tatsächlich! Der Mensch geht vor –
die Hunde.

213.

Palazzo di Protzo:
Matratzo di Kotzo:
Bajazzo di Motzo:
Fratzo di Glotzo.

214.

Ein Epigrammatiker namens Kambyses
begann ein Gedicht ohne Reim, eben dieses.
Er ging den Worten auf den Leim.
Den Reimen ist alles Reim.

215.

Das Sein
bestimmt das Bewußtsein;
das Schwein
bestimmt das Unbewußtsein.

216.

Wanderer, kommst du nach Spa –
berichte allerorten,
daß du hast liegen sehen
die Touristen am Ärmelkanal,
wie Neckermann es ihnen empfahl.

217.

Denk ich an Deutschland bei Tag,
was ich sowieso nicht mag,
dann fällt mir „Gut' Nacht" ein,
dazu hör ich die „Wacht am Rhein",
und darum laß ich's lieber ganz sein.

218.

War einmal ein Lendenschurz,
war ein weniges zu kurz.
Lendenschurz hob sich noch ein Stück
und fiel gleich zurück.
Publikum sekundenschnell
went to hell.

219.

Man hört die Priester predigen,
besonders laut die ledigen:
„Zum Teufel mit der Liebeslust,
kasteie deinen Leib bewußt!"
So schmähte schon der alte Fuchs
die Traube, die zu hoch ihm wuchs.

220.

Geh mit der Zeit, sie hinkt.
Eile zur Fata Morgana, sie winkt.
Hör auf den Raucher, er hüstelt.
Folge dem Guru, er mystelt.
Man kennt das alles zur Genüge.
Glaube mir: ich lüge.

221.

Als du noch schwammst in trüber Suppe,
verdreckt von Mühsal und von Pech,
da sagtest du: „Das ist mir schnuppe,
ich will nur Liebe, sanft und frech!"
Als dann der Tod kam und die Qual,
um dir zu rauben deinen Schneid,
da sagtest du: „Ihr könnt mich mal –
von nun an bis in Ewigkeit!"

Die ersten fanden's herb,
die zweiten ganz superb.
Die dritten, vierten, fünften,
die fluchten nur und schimpften.
Die sechsten, siebten, achten,
die kreischten, brüllten, lachten.
Die neunten und die zehnten,
die jubelten und stöhnten.
Der elfte und der zwölfte
verstanden nur die Hölfte.
Der letzte aber schrieb in Danzig
das Epigramm
222.

Epigramme sind intellektuelle, pointierte Kurzgedichte. Die bekennerhafte, seelenschmerzliche Attitüde ist ihnen fremd. Sie leben aus der skeptischen, spöttischen Distanz. Dem Epigrammatiker kann man nichts vormachen, er hat das Treiben der Welt mit klarem Blick durchschaut. „Der Ruhm, wie alle Schwindelware, / hält selten über tausend Jahre" (Wilhelm Busch).

Gelungene Epigramme sind keine gummiartig auseinandergezogene und auf Verse verteilte Thesenlyrik – und auch keine zeitgeistgebundene Polterei. Genuine Epigramme sind keine Zeitgedichte, sondern Zeitaltergedichte. Authentische Epigramme sind die geschichtsphilosophischen Abbreviaturen eines Jahrhunderts. Das ganze Elend des 20. Säkulums ist, ohne daß es beim Namen genannt wird, in diesem Zweizeiler mitgedacht: „Was nur die Menschheit an diesem Dante fand! / In Sachen Hölle war er ein Dilettant" (Stanislaw Jerzy Lec).

Der zeitübergreifende Impetus des Epigrammatikers ist philosophisch inspiriert, wendet sich aber gegen alle affirmativen und systemverhafteten Philosopheme. Epigramme enthalten keine Thesen, sondern Pointen, sprich: Antithesen. Zwei Beispiele: „Auf ewig ist der Krieg vermieden, / befolgt man, was der Weise spricht. / Dann halten alle Menschen Frieden, / allein die Philosophen nicht" (Abraham Gotthelf Kästner). Der ganz junge und den meisten unbekannte Marx, der als Schriftsteller und Poet angefangen hat, bringt den antiidealistischen Standort des Epigrammatikers auf den Punkt: „Kant und Fichte gern zum Äther schweifen, / suchen dort ein fernes Land; / doch ich such nur tüchtig zu begreifen, / was ich auf der Straße fand" (alle Epigramme in diesem Nachwort sind aus dem Gedächtnis zitiert).

Das Epigramm kehrt seine Spitzen gegen alle ideologischen Schismatiker, Schwachmatiker und Fanatiker. „Luthrisch, Päpstisch, Calvinisch, diese Glauben alle drei / sind vorhanden; doch ist Zweifel, wo das Christentum dann sei", schrieb Altmeister Logau in der Epoche der Religionskriege und Glaubensstreitigkeiten. Der Epigrammatiker wendet keiner der streitenden Parteien seine Sympathien zu, denn er sieht, daß ihre Wahrheits- und Geltungsansprüche alle gleichermaßen fragwürdig sind. Sämtliche politischen und weltanschaulichen Alternativen sind nur verschiedene Maskengruppen der menschlichen Narrheit. In der weiträumigen Perspektive des Epigrammatikers erscheinen die kleinkarierten Denkweisen als hoffnungslos borniert. „Schmale Seelen sind mir verhaßt: / da steht nichts Gutes, nichts Böses fast" (Nietzsche).

Der derbe Spott des Epigrammatikers bringt die aufgeblasenen Windbeuteleien vor Lachen zum Platzen. Hans von Bülow: „Mundus / vult Schundus". Goethe: „Getretner Quark / wird breit, nicht stark". Karl Marx, der ganz frühe wohlgemerkt: „In seinem Sessel, behaglich dumm, / sitzt schweigend das deutsche Publikum". Grillparzer: „Richard Wagner und Friedrich Hebbel / Tappen beide im romantischen Nebbel. / Das doppelte b gefällt dir nicht; / Ja, mein Freund, der Nebel ist dicht" (von diesem Epigramm gibt es noch eine andere Fassung, die aber nicht so gut ist).

Während die satirischen Epigramme der Älteren gern das verblasene Kulturbetriebsnudelgedudel attackieren, setzen sich die der Neueren speziell gegen jene korrupte Vulgärreimerei zur Wehr, welche sich auf Zeitungsseiten und Häuserwänden breitmacht. Moderne Epigramme sind narrenhandstreichartige Aufschriften auf die zum Warensammelsurium verkommene Ding- und Menschenwelt. Ein anonymes Epigramm parodiert die Pseudopoesie der Reklamesprache: „Willst du Schwangerschaft verhüten, / nimm Melitta-Filtertüten!"

Das Epigramm kann sich auch selbst parodieren. Popes pompöses Newtonepigramm zum Beispiel mußte Variationen geradezu provozieren: „Nature, and Nature's Laws lay hid in Night. / God said, Let Newton be! and All was Light". Voltaire, Lichtenberg, Russell, Squire und viele andere haben an diesem Epigramm herumgedoktert und den allzu apotheotischen Ton wirksam gedämpft.

Apotheotische Epigramme gehen regelmäßig in die Hose. Nietzsche schreibt über seinen geistigen Erzieher Schopenhauer: „Was er lehrte, ist abgetan, / was er lebte, wird bleiben stahn / seht ihn nur an – / niemandem war er untertan!" Das stimmt hinten und vorne nicht. Nietzsches abstruse Metaphysik des Machtwillens ist nur ein Bandwurmfortsatz der Schopenhauerschen Willensontologie; was Nietzsche als ‚abgetan' abtut, ist das innerste Motiv seiner eigenen Philosophie. Und untertan war Schopenhauer ganz eklatant der Macht des Geldes: er war ein Couponschneider, der nur deswegen unabhängig denken konnte, weil er von den Zinsen aus seinem geerbten Vermögen lebte. Wenn er sein Geld eingebüßt hätte, dann hätte sich Schopenhauer, wie er selbst sagte, sofort eine Kugel durch den Kopf geschossen. So fragil war die Unabhängigkeit desjenigen, der ‚niemandem untertan war'.

Gefühlsduselei und -wuselei ist unepigrammatisch. Epigramme sind Witze über die Tode von Gefühlen. Wo sie Emotionen zur Sprache bringen, sind diese mit Ironie untermischt: „Himmlisch war's, wenn ich bezwang / meine sündige Begier. / Aber wenn's mir nicht gelang, / hatte ich viel mehr Pläsier" (Heine).

Der Epigrammatiker sieht nicht die Welt im Spiegel seines Ichs, sondern überwindet die egozentrische Gefühlsschwelgerei und Interessenverfolgerei: „Wir wollen's halten allgemein, / laßt doch nicht streiten mich allein!" (Ulrich von Hutten).

Der Grundton des Epigramms schwingt zwischen linker Melancholie und linker Zuversicht hin und her. Linke Melancholie (contra Benjamin ganz positiv gemeint): „Das ist das Verhängnis: / zwischen Empfängnis / und Leichenbegängnis / nichts als Bedrängnis" (Erich Kästner). Linke Zuversicht (wenn man das Adjektiv auf ein weiter zurückliegendes Jahrhundert anwenden darf): „Ist Betrug auch noch so klug, / Gibt sich letztlich doch ein Fug, / Daß er nicht ist klug genug" (Logau).

Das Epigramm wäre allzu gestreng, wenn es sich ausschließlich auf die Misere der jeweiligen Epoche und auf die in allen Zeitaltern wiederkehrende Menschennarrheit und Menschenbosheit kaprizierte. Nach Feierabend suchen alle Epigrammatiker Zuflucht bei dem heiteren, intentionslosen Spiel des Geistes, der nicht mehr viel nach Wahrheit fragt. Epigramme sind nicht nur Sinngedichte, sondern völlig legitim auch Unsinngedichte. Hier sind die polnischen ‚Fraszki' die schönsten Vorbilder. „Der Mohr hat seine Schuldigkeit getan. / Nun wirst du schwarze Kinder han", schreibt Jan Sztaudinger. „Wie die

Hormone, / so der Mormone", sekundiert Stanislaw Jerzy Lec. In Deutschland, wo herrlicher Unsinn dieser Art gern als ‚flache Scherzhaftigkeit' getadelt wird, tut man sich etwas schwerer. Der frühe F.W. Bernstein formulierte: „Die schärfsten Kritiker der Elche / waren früher selber welche". Der etwas spätere F.W. Bernstein formulierte dagegen: „Die schärfsten Kritiker der Elche / wären gerne selber welche". Wer da nach einer ‚Aussage' fragt, ist schon schief gewickelt. Außer dem Sinngedicht und dem Unsinngedicht gibt es auch noch das Un-Sinngedicht, in dem Wilhelm Busch der große Meister ist: „Für junge Damen sich beeilen, / Macht selbst dem Alten noch Pläsier, / Und wünschen sie von ihm zwei Zeilen, / Sogleich ergebenst schreibt er vier".

Die schönen Verse der Epi-Epigrammatiker Wilhelm Busch, Karl Marx, Ulrich von Hutten, Hans von Bülow, Friedrich Nietzsche und F.W. Bernstein fehlen in den meisten der ansonsten vorzüglichen Anthologien, die in unserem Säkulum das reiche Erbe der deutschen Epigrammliteratur eingefangen haben (Das Buch der Epigramme, hrsg. Ludwig Fulda, Berlin 1920; Deutsche Epigramme, hrsg. Hugo von Hofmannsthal, München 1923; Deutsche Epigramme aus fünf Jahrhunderten, hrsg. Klemens Altmann, München 1966; Deutsche Epigramme, hrsg. Gerhard Neumann, Stuttgart 1969; Deutsche Epigramme aus vier Jahrhunderten, hrsg. Anita und Walter Dietze, Leipzig 1985). Außer diesen fünf reichhaltigen Anthologien hat das 20. Jahrhundert noch eine unglaubliche Fülle von Forschern hervorgebracht, die über die Geschichte des Epigramms geschrieben haben – wenn man hier fünf Namen herausheben würde, täte man hundert anderen unrecht. In den einschlägigen Nachschlagewerken findet jeder Interessent bibliographische Nachweise der umfangreichen Sekundärliteratur.

Der regen Tätigkeit des Sammelns und Forschens steht ein betrübliches Stocken der eigentlichen Produktion gegenüber. Seit Erich Kästners Epigrammbuch ‚Kurz und bündig‘ und seit Brechts späten Epigrammelegien hat sich da nicht mehr viel getan in der deutschen Literatur. Gewiß, es gibt die eine oder andere Lichtblickgestalt, es gibt den einen oder anderen Einfall, aber die kontinuierliche und jahrhundertealte Tradition der deutschen Epigrammatik scheint abgerissen zu sein. Schon vor über vierzig Jahren hatte Erich Kästner das Epigramm eine tote und verschollene Kunstform genannt, die dringend einer Wiederbelebung bedürfte. Eine solche Wiederbelebung, die nach wie vor aktuell ist, erfordert nach meinem bescheidenen Dafürhalten vier Grundbedingungen, die in engem Zusammenhang miteinander stehen.

Die erste Bedingung ist eine Selbstverständlichkeit, die heute leider nicht mehr so selbstverständlich ist: das intensive Studium der europäischen Epigrammklassiker aus den letzten Jahrhunderten. Wer Epigramme schreiben will, hat verdammtnochmal die große Tradition zur Kenntnis zu nehmen. Da ist Voltaire mit seinen über dreihundert Epigrammen, da ist der Pope aus England (nicht der aus Griechenland), da sind die polnischen ‚Fraszki‘-Poeten mit Lec an der Spitze, dazu die besten Köpfe aus den übrigen europäischen Literaturen. In Deutschland haben wir die beiden bedeutenden Kästners (Abraham Gotthelf und Erich), Logau, Lessing, Herder, Hölderlin, Goethe, Heine, Nietzsche, Grillparzer, Brecht und viele andere, bei denen man in die Schule gehen kann und muß.

Verbraucht hingegen ist die Kraft der griechischen und römischen Epigrammtradition, und alle antikisierenden Epigramme wirken heute gekünstelt und gestelzt. Natürlich gibt es immer wieder Epigrammatiker, die Martial aufgreifen und lebendig machen wollen. Und selbstredend gibt es immer wieder andere, die auf die Epigramme der berühmten ‚Anthologia Graeca‘ zurückgreifen. Doch können diese alten Epigramme nur noch historische Studienobjekte und keine formalen Vorbilder mehr sein. Alle antikisierenden deutschen Epigramme klingen heutigentags wie Geklapper; das war mal eine Mode und ist wie alle Moden rettungslos versunken. Den griechisch-römischen Rhythmen, Versformen und Ringkünsten haftete im Deutschen immer der Schweiß bemühten Gehampels an. Unsere phrasendreschenden Rezensenten haben, wenn sie das Buch eines Epigrammatikers besprechen, immer dieselbe Formulierung zur Hand: ‚ein neuer Martial ist das nicht‘. Diese Formulierung hätte nur dann eine gewisse Berechtigung, wenn sie als Lob gemeint wäre. Einen neuen Martial kann und darf es nicht geben, denn ein neuer Martial wäre weiter nichts als ein schaler Aufguß. Martial und die Autoren der ‚Anthologia Graeca‘ und die restlichen antiken Epigrammatiker können heute nur um den Preis der Manieriertheit formal nachgebildet werden, und jeder authentische Epigrammatiker der Gegenwart macht für seine Produktion zur Bedingung, daß nicht mehr antikisiert wird. Dies ist kein Dekret, sondern nur ein Erfahrungsresultat, das wie alle praktischen Regeln gewisse Ausnahmen kennt.

Die dritte Bedingung für die Regeneration des Epigramms ist die zwingende Wiedereinführung des Reims. So wie sich in die Malerei des 20. Jahrhunderts zahllose Scharlatane hineingeschmuggelt haben, die nur deswegen ungegenständlich malen, weil sie gar nicht gegenständlich malen können, so haben sich in die Poesie des 20. Jahrhunderts unzählige Laberlyriker hineingedrängt, die weder Metrum noch Reim beherrschen und stattdessen ein Stückchen Prosa ein bißchen ‚anrhythmisieren‘, um das dermißgestalt zusammengehauene Etwas als ‚Gedicht‘ weiterzuverkaufen. Große Dichter wie Goethe, Benn, Brecht und Biermann konnten eben beides schreiben, Gedichte mit Reim und Gedichte ohne Reim, während die Bauchwindbeutel überhaupt nichts können. In der Beschränkung auf den Reim zeigt sich erst der Meister – das gilt für die gesamte Lyrik, ganz besonders aber für das Epigramm. Und im Gegensatz zu den antiken Rhythmen und Versformen, die erst mühsam auf die deutsche Tradition aufgepropft werden mußten, ist der Reim das klassische und natürliche Lebenselixier des deutschen Epigramms. Von Logau bis Erich Kästner waren die großen deutschen Epigrammatiker allesamt auch große Reimkünstler. Und in den übrigen europäischen Literaturen sieht es nicht anders aus: von Voltaire im 18. Jahrhundert bis zu Lec im 20. Jahrhundert bezeugte jeder hervorragende Epigrammatiker seine Meisterschaft durch zwingende, aber trotzdem ungezwungen wirkende Reime. Reimlose Epigramme, die heute vorwiegend die Domäne talentloser Tendenzliteraten bilden, sind als Ausnahmefälle nur Alleskönnern wie Bertolt Brecht gestattet: „Die Schlechten fürchten deine Klaue. / Die Guten freuen sich deiner Grazie. / Derlei / Hörte ich gern / Von meinem Vers".

Viele moderne Epigramme sind nur versifizierte Aphorismen. Nun ginge das ja noch an, wenn es wenigstens gute Aphorismen wären. Der große Aphoristiker Karl Kraus, der sich auch als uneleganter Papierlyriker versuchte, nahm des öfteren einen Prosagedanken und hängte ihm ungeschickt ein epigrammatisches Fähnchen um, während geborene Epigrammatiker von Anfang an lyrisch denken und formulieren. Doch bleiben bei Karl Kraus, wenn man das klappernde Metrum und die gesuchten Reime wegläßt, immerhin noch originelle Aphorismen übrig, was man von den meisten anderen Aphorismus-Epigrammatikern nicht sagen kann. Zu den rühmlichen Ausnahmen zählt der wohl bekannteste Aphoristiker des 20. Jahrhunderts, Stanislaw Jerzy Lec, der auch meisterhafte Epigramme mit Reim schreiben konnte, zum Beispiel diesen Zweizeiler: „Manche Tempel verdienen / Beachtung erst als Ruinen". Und noch ein Vierzeiler obendrauf: „Ein Epigramm zu schreiben, sagte der Gewitzte, / dazu gehört nicht viel. / Er setzte sich hin, hustete und schwitzte / und schrieb ein Trauerspiel". Zum Epigramm gehört die leichte Hand, zum Aphorismus die etwas schwerere Pranke. Nur die wenigsten haben zwei verschiedene Hände, um in beiden Gattungen Nennenswertes zu leisten. Die vierte Maxime für die Wiederbelebung des Epigramms lautet daher: Nicht Aphorismen ins Epigrammatische übersetzen, sondern mit der rechten Hand gelungene Aphorismen und mit der linken Hand gelungene Epigramme schreiben! Und wenn ein kritischer Elch röhrt, ich selbst werde meinen eigenen Maßstäben nicht ganz gerecht, dann darf ich kurz und linksbündig antworten, daß Kriterien Zielpunkte sind, die man unablässig anzustreben hat. Der längste Atem gehört zum Epigramm, man hat sein Leben lang mit dieser Filigrandezza zu tun. „Zycie jest fraszka, das Leben ist ein Epigramm" (Stanislaw Jerzy Lec).

WEITERE MURIBÜCHER

Ulrich Erckenbrecht
Ein Körnchen Lüge
Aphorismen und Geschichten
79 S., 3. Auflage, 6,- DM, 6,- Sfr, 42,- öS
ISBN 3-922494-05-6

Ulrich Erckenbrecht
Maximen und Moritzimen
Aphorismen über dies und jenes
175 S., 10,- DM, 10,- Sfr, 70,- öS
ISBN 3-922494-11-0

Hans Ritz
Ringelsternchen
Gedichtsel
95 S., 2. Auflage, 8,- DM, 8,- Sfr, 56,- öS
ISBN 3-922494-09-9

Hans Ritz
Die Sehnsucht nach der Südsee
Bericht über einen europäischen Mythos
175 S., 2. Auflage, 10,- DM, 10,- Sfr, 70,- öS
ISBN 3-922494-06-4

Hans Ritz
Die Geschichte vom Rotkäppchen
Ursprünge, Analysen, Parodien eines Märchens
207 S., 11. Auflage, 12,- DM, 12,- Sfr, 84,- öS
ISBN 3-922494-10-2

MURIVERLAG, Postfach 1765, D-37007 Göttingen